歴史文化ライブラリー

104

魏志倭人伝を読む 上

邪馬台国への道

佐伯有清

吉川弘文館

原則として、初版で掲載した口絵は割愛しております。

はしがき

最近になって「魏志倭人伝は歴史資料に値しない」と声高《こわだか》に発言する「学者」があらわれた。こうした発言の前提には、「中国正史のレベルの低さ」のあることが強調されている。

「中国正史のレベルの低さ」を強調する論拠としてあげられているのは、ある「東洋史学者」が中国の正史の一つである『明史』の日本伝の一節を取りあげて、中国の正史が信用するに足りないものであると論じたことである。

その一節とは、豊臣秀吉が朝鮮に侵略の軍を進め、中国をも攻略しようとした文禄・慶長の役（壬辰倭乱《じんしんのわらん》・丁酉倭乱《ていゆうのわらん》）をめぐる記事の前提として、秀吉の経歴を記述した箇所である。その記事には、「日本、故《もと》王有り。其の下の関白と称する者、最《もつと》も尊《たつと》し。時に山城州の渠《かしら》信長を以て之と為す。偶々《たまたま》、猟に出て一人の樹下に臥《ふ》せるに遇《あ》う。驚《おどろ》き起きて突《つ》き衝《あ》たる。執《と》らえて之を詰《なじ》るに、自《みずか》ら言いて平秀吉と為し、薩摩州の人の奴《しもべ》なりと。雄健《ゆうけん》（すぐれて力づよい）、蹻捷《きょうしょう》（足が早く、すばしこい）にして、口弁（口先のたっしゃなこと）有り。信長、之を悦《よろこ》び、馬を牧令《かわし》む。名づけて木下の人と曰う」云々とある。このあと信長が明智光秀に殺され、秀吉が六十六州を征服して、政権を掌握し、そして「中国を侵し、朝鮮を滅ぼさんと欲す」るという記事につづくのである。

これが中国の正史の信用するに足らないものの証拠としてあげ、『明史』日本伝よりも一五〇〇年も前に編纂された『魏志』倭人伝にまで、それを及ぼして、倭人伝は、歴史資料に値しないと断ずるのである。

日本伝を収める『明史』は、中国清《しん》の康煕《こうき》十八年（一六七九）に編纂が始まり、乾隆《けんりゅう》四年（一七三九）に完成したものである。文禄の役（壬辰倭乱）は明の万暦二十年（一五九二）に起こり、慶長の役（丁酉倭乱）は万暦二十五年（一五九七）にはじまっているから、『明史』編纂の開始から数えれば、八〇年余り前に両倭乱があったことになる。その正史編纂にあたっても、種々の史料が利用されており、秀吉の経歴にかかわる記述も、けっして、中国正史のレベルの低さを物語るものではない。『明史』は、正史のなかでも評価は高いのである。

丁酉倭乱から一〇年もたっていない万暦三十四年（一六〇六）の序のある『両朝平攘録』巻之四、日本上にも、「秀吉、幼にして微賤《びせん》、父の出《いず》る所を知らず。其の母、人《ひと》の婢《はしため》と為りて、娠《はら》むことを得たり。生みて之を棄《す》てんと欲す。異徴《いちょう》有りて、棄つるを果たさず。長ずるに及び、勇力（勇ましい力）、驕捷《きょうしょう》なり。生業を事とせず、初め魚を販《あきな》うを以てす。酔《よ》って樹下に臥《が》す。信長、出でて猟《か》りす。（秀）吉、驚き起きて突き衝《あ》たる。之を殺さんと欲するも、復《また》、吉が舌弁を以て之を留《とど》む。馬を養《かわ》しめ、木下の人と名づく」と類似の経歴ばなしを載せている。

豊臣秀吉が、はじめて織田信長に見参した場所が樹木の下であったので、苗字《みょうじ》を「木下」にしたという話は、日本にもあるから、『明史』日本伝や、それよりも古く成立した『両朝平攘録』日本上にみえる秀吉の経歴ばなしは、日本から伝わったものであろう。あるいは朝鮮から流伝したのかもしれない。『明史』朝鮮伝には、「（万暦）十九年十一月、奏すらく、倭酋《わしゅう》の関白平秀吉、声言《せいげん》（声明すること）し、明年三月、来り犯すと。兵部に詔して、海防に飭《つと》めよと申す。平秀吉は、薩摩州の人にして、初め倭の関白信長に随《したが》う。会々《たまたま》信長、其の下《めした》に弑《しい》せらる所と為《な》る。秀吉、遂に信長の兵を統《す》べ、自ら関白と号し、六十余州を劫降《きょうこう》す」とある。この秀吉の経歴譚も、『明史』日本伝のものに通じるところがある。

明の万暦三十四年（一六〇六）に著わされた諸葛元声《しょかつげんせい》の『両朝平攘録』は、中国人の著述として、よく要領をとらえていると評価されている。枝葉の点で伝聞の誤りはあるが、壬辰・丁酉の倭乱についても、その意義がかなり的確に記述されているといわれている。豊臣秀吉は、慶長三年（明の万暦二十六年〈一五九八〉）八月に死去していて、『両朝平攘録』は、その死のわずか八年後に成立しているのである。

秀吉の「日輪受胎伝説」は、秀吉が生存していた文禄二年（一五九三）にすでに流布していた。この伝説は、驚くことに秀吉が、みずから外国むけに言いだしたことであった。また「樹下（木下）苗字伝説」も秀吉の在世中に早くも言いふらされていたことであったかもしれない。これが朝鮮や中国へ流伝したのである。

もちろん、そうした秀吉の経歴、とくにその出自をめぐる話は、事実を伝えるものではない。しかし、信長が明智光秀に弑逆《しいぎゃく》され、明智を滅ぼした秀吉が天下を取ったとする『明史』日本伝の記述は、けっして荒唐《こうとう》無稽《むけい》なものではなく、大筋において歴史事実を伝えているのである。

秀吉の出自にはじまる経歴記事の一部だけを取りあげて、中国の正史のレベルは低いなどと広言するのは不当である。それを『魏志』倭人伝にまで言い及ぼしているのは、誰しも納得できないであろう。

　この「学者」は、『魏志』倭人伝に比べれば、『古事記』や『日本書紀』は、どれほどか豊かな人間的関心をかきたてる内容に満ち満ちている、とも述べている。

　一見、これが正論であるかのように思われてしまうが、実は、上・中・下の三巻からなる『古事記』や全三〇巻からなる『日本書紀』と全六五巻からなる尨大《ぼうだい》な『三国志』のうちの全字数、わずかに二〇〇八字の『魏志』倭人伝と比べて、『古事記』や『日本書紀』が「人間の行為や思想」を語っているのに反して、『魏志』倭人伝は、それをなにひとつ記していないというのは暴論もはなはだしい。『古事記』や『日本書紀』と比べて、『魏志』倭人伝は「歴史資料に値しない」などというのは、土台《どだい》無理な話なのである。

『魏志』倭人伝を貶《おとし》めるのに、ひとつの材料として使っているものに、「鯨面文身《げいめんぶんしん》」をあげて、中国江南の記録を無造作にもちいているともいえるとしている。しかし、この「学者」が尊重する『古事記』や『日本書紀』には、「久米命《くめのみこと》の黥《さ》ける利目《とめ》」のこと、山代の「面《おも》黥《さ》ける老人」の話（『古事記』）、あるいは「面《おもて》を黥《きざ》みて鳥養部としたまう」こと、河内の「飼部《うまかいべ》の黥《めさきのきず》」の記事（『日本書紀』）など「鯨面文身」にかかわる記載が多くみられるのである。こうした傍証が『古事記』『日本書紀』にあるのにもかかわらず、それを無視して、『魏志』倭人伝を蔑《さげす》むのは、為《ため》にする発言といわざるをえない。

この「学者」の強調する「史料批判が不可欠の作業」であることは、歴史研究者のとるべき基本的態度である。これまでの先学、同学の諸氏が、こうした態度で『魏志』倭人伝に接してきたことは論をまたない。歴史の研究にあたって「史料批判」は、あたりまえのことだからである。「魏志倭人伝は歴史資料に値しない」どころか、二、三世紀の古代日本の歴史を探るのに『魏志』倭人伝は、第一級の歴史資料なのである。

本書は、「漢書・後漢書・旧唐書・梁書・翰苑など、倭国に関する史料の原文と読下し文を掲げ、注解を加え……文献史学の立場から歴史的背景を描いていただき、倭国の基礎的文献としたい」という吉川弘文館編集部の大岩由明氏からの執筆要請があって、全文を書き下ろしたものである。

『魏志』倭人伝を注解した優れた先達《せんだつ》としての論著には、菅政友「漢籍倭人考」(『史学会雑誌』第三編第二七・二八・二九・三三・三四・三六号、明治二十五年〈一八九二〉、のちに同誌に未発表の稿もふくめて『菅政友全集 全』に再録、明治四十年〈一九〇七〉十一月刊)、那珂通世「魏志倭人伝」(この注解が執筆された正確な年時は不明であるが、明治二十七年

〈一八九四〉以後、同三十年以前の執筆と推定される。初出は那珂通世博士功績紀年会『那珂通世遺書』、大正四年〈一九一五〉、のちに那珂通世遺書『外交繹史』として『那珂通世遺書』の一部分が公刊、昭和三十三年〈一九五八〉二月刊）、伊瀬仙太郎・東一夫「魏志倭人伝精説」（山崎宏編著『東洋史上の古代日本――魏志倭人伝精説――』、昭和二十三年〈一九四八〉三月刊）、笠井倭人「注解」（三品彰英編著『邪馬台国研究総覧』、昭和四十五年〈一九七〇〉四月刊）、杉本憲司・森博達「『魏志』倭人伝を通読する」（森浩一編『倭人の登場』日本の古代1、昭和六十年〈一九八五〉十一月刊）、水野祐『評釈魏志倭人伝』（昭和六十二年〈一九八七〉三月刊）、三木太郎「『魏志』倭人伝」（『邪馬台国研究事典』Ⅰ 文献史料（昭和六十三年〈一九八八〉二月刊）などがあげられる。

これら諸先学の『魏志』倭人伝の注解書をはじめ、本書下巻の巻末に付した「参考文献一覧」に掲げた多くの論著を参照させていただいた。本書の性格上から、本文中に、いちいち論著者の芳名を記さなかったが、ここに諸氏にたいして、あつく御礼を申しあげる。

本書は、上、下巻の二分冊にわたって、中国の古典・史書から『魏志』倭人伝で、もちいられている言葉の用例をあげ、「使訳」などの語に新しい解釈をほどこし、また、たとえば「檄《げき》」の性格や、それにともなう「告喩」の用例をいくつか取りあげて、魏の倭国への「檄」がどのようなものであったのかを、あきらかにしようとつとめた。本書は二、三世紀の邪馬台国・倭国を読む辞典の役割をもかねている。したがって、読者が興味をもたれている問題や、必要とされている事項を「目次」に掲げた小見出し《こみだ》しによって検索できるように配慮した。本書が邪馬台国・倭国の問題に関心を持つ人びとに、いささかなりともお役に立つことができれば、著者として、このうえもない幸せである。

二〇〇〇年二月

佐伯有清

目次

邪馬台国への道

倭人の習俗と生態

よく読まれている中国古代の史書

最大多数の読者をもつ古代の史書

現今、日本において最大多数の読者をもつ中国古代の史書は、『魏《ぎ》志《し》』倭《わ》人《じん》伝であるといってよい。

一九五一年十一月に初版が刊行されたある『魏志』倭人伝の著名な文庫本は、二〇〇〇年二月までに七〇刷の版をかさねている。第一刷刊行から五〇年を閲《けみ》しているにしても、七〇刷とは、まことに「凄《すご》い」の一言《ひとこと》につきる。毎年、一・四刷《ず》りも、刷り増しされている勘定になる。

発行部数は量《はか》りがたいが、いずれにせよ、この文庫本を例にとってみても、『魏志』倭人伝を手にし、読んだ読者の数は、中国古代の史書のなかでは、ずば抜けて多いことは確実である。

このように最大多数の読者をもつ中国古代の史書『魏志』倭人伝は、どうしてそんなに魅力があるのか。『魏志』倭人伝に記されている邪馬台国は、いったい何処《どこ》にあったのか。邪馬台国の後裔国家は、本当《ほんとう》に大和《やまと》国家なのか。邪馬台国に都《みやこ》していたという倭の女王卑《ひ》弥呼《みこ》が魏の皇帝から贈られた「銅鏡百枚」は、各所の古墳から出土する多くの三角縁神《さんかくぶちしん》獣《じゅう》鏡《きょう》のなかから見つけだすことができるのか。こうした問題をめぐって、熾烈《しれつ》な論争が、いまなおつづいている。

倭の女王卑弥呼は、どのような性格の国王であったのか。そこには、なにかしら蠱惑的《こわくてき》な雰囲気さえ漂《ただよ》わせている。

『魏志』倭人伝と撰者の陳寿

ここに『魏志』倭人伝と俗称で記してきたが、正確にいえば、『三国志』魏書《ぎしょ》、烏丸鮮卑東夷伝《うがんせんぴとういでん》、倭人の条である。こうした長い呼び名を、いちいち呼称していては厄介《やっかい》である。そこで、これからは、単に倭人伝と呼ぶことにする。

倭人伝というと、われわれ日本人が名づけたものと思われがちである。だが、倭人伝は歴《れっき》とした中国人の命名によるものなのである。

たとえば南宋の紹熙《しょうき》年間（一一九〇〜一一九四）に刊行された「紹熙刊本」の倭人条の冒頭には、「倭人伝」と大きく書かれている。したがって『三国志』魏書（魏志）には、東夷伝はあっても、倭人伝はない、だからそのように呼弥するのは正しくない、などと鯱《しゃち》こ張る必要は毛頭ない。

倭人伝をふくむ『三国志』は、三世紀の前半から後半にいたる魏《ぎ》、呉《ご》、蜀《しょく》三国時代の歴史書である。魏など三国分裂の時代の実質存在期間は、半世紀にも満たない。あらためてその興亡の短《みじか》さに驚かされる。

さて『三国志』の撰者は、陳寿《ちんじゅ》（二三三〜二九七）という西晋《せいしん》の歴史家である。陳寿は、蜀の建興十一年（二三三）に巴西《はせい》郡安漢《あんかん》県（四川省南充市の北）に生まれ、同郡出身の篤学《とくがく》者《しゃ》譙周《しょうしゅう》に師事し、経学《けいがく》、史学を学んだ。『三国志』蜀書には、長文の譙周の伝記が載っており、「典籍を誦読《しょうどく》し、欣然《きんぜん》として独《ひと》り笑《たの》しみ、以て寝食を忘る」といった彼の篤学ぶりは、唐の李瀚《りかん》が撰述した『蒙求《もうぎゅう》』に、「譙周独笑《しょうしゅうどくしょう》（譙周がひとり楽しむ）」という標題で、彼の逸話が取りあげられ、人びとから親しまれてきた。

陳寿の学問形成とその経歴

陳寿は、譙周から『尚書』（『書経』）と『春秋』左氏伝・公羊《くよう》伝・穀梁《こくりよう》伝の三伝を学び、とくに心をこめて『史記』と『漢書』を勉学した。彼の評価は、「聡警敏識《そうけいびんしき》、属文富艶《しょくぶんふえん》（聡明機敏で識見があり、作る文章は豊かで美しい）」といわれたように、きわめて高かった。陳寿の学問形成には、師の譙周の影響が大きかったのである。

陳寿は、蜀の国に仕官して観閣令史《かんかくれいし》に任ぜられた。しかし、宦官《かんがん》の黄皓《こうこう》が威力と権力とを、ほしいままにしていたのに対し、陳寿は、ひとりおもねるようなことはしなかった。そのためしばしば譴責《けんせき》を食《くら》い、昇進の途《みち》をとざされてしまっていた。

蜀の炎興《えんこう》元年（二六三）、蜀は滅び、翌々年魏の咸熙《かんき》二年（二六五）には魏も滅亡し、西晋の時代になる。陳寿は、新王朝の西晋に登用され、佐著作郎《さちょさくろう》（歴史編纂補佐官）に就任した。清廉《せいれん》で無欲、とくに書物を愛した西晋の政治家張華《ちょうか》（二三二〜三〇〇）が陳寿の才能を愛したことによる挙用であった。ここに陳寿は、本領を発揮できる地位をえた。やがて彼は著作郎《ちょさくほう》（国史を司《つかさど》る）に昇進し、『三国志』を撰述することになる。かくして、ここに倭人伝も誕生する。

陳寿の『三国志』に対する評価は、称賛と悪口との両極に分かれている。

『三国志』への評価

陳寿は、『史記』の司馬遷《しばせん》（前一三五?～?）と『前漢書』の班固《はんこ》（三二～九二）の鴻筆《こうひつ》（気持ちが大きくすぐれた文章）を継ぐものとして史臣《ししん》（歴史編集官）から高い評価を受けていた。また尚書省（内閣）の次官である尚書郎《しょうしょろう》の范頵《はんいん》らは、上表して、「故治書侍御史《こちしょじぎょし》（律令をつかさどる官）陳寿、三国志を作る。辞《じ》は勧誡《かんかい》（善を勧《すす》め、悪を戒《いまし》めること）多く、得失を明らかにして、風化《ふうか》（人徳などにふれさせて教えみちびくこと）に益有《えきあ》り」とまで述べて、『三国志』の出来栄《できば》えを称賛している。そして「文豔《ぶんえん》（美麗な文章）は、相如《しょうじょ》に若《し》かずと雖《いえど》も、質直《しっちょく》は之《これ》に過ぐ」とも述べる。陳寿の美麗な文章は、華麗な文藻で名高い前漢の文学者司馬相如《しばしょうじょ》（前一七九～一一七）には及ばないものの、質朴正直《せいちょく》で言論に偽りかざるようなことがなかったのは、相如《しょうじょ》よりも勝《まさ》っているというわけである。

時の人は、陳寿を、「叙事を善《よ》くし、良史《りょうし》の才有《さいあ》りと称《ほ》」めたたえた。『魏志』を著わした夏侯湛《かこうたん》（二四三?～二九一?）は、陳寿の著作を見て、自分の著書を破りすててしまったという逸話がある。夏侯湛も、その文章はひろく豊かで、著論三十余編を遺《のこ》した俊才《しゅんさい》であった。夏侯湛は、けっして陳寿に劣《おと》る人物でなかった。にもかかわらず、そのような行為にでて、陳寿を畏敬したのである。

陳寿の『三国志』に対する非難は、大義名分論者や曲学阿世《きょくがくあせい》の徒《と》による誹謗中傷のたぐいなので、ここでは、詳しくは取りあげない。

歴史家としての陳寿

ただし、ひとつだけ『三国志』に対する批判を、ここに記しておこう。それは陳寿が蜀の偉大な政治家、戦略家で、「学に非《あら》ざれば以て才《さい》を広むる無く、志《こころざし》に非ざれば以て学を成《な》す無し（学問をしなければ、才知をひろげ豊かにすることはできない。信念がなければ学問は成しとげられない）」、「将《しょう》は驕《おご》る可《べ》からず、驕《おご》れば則《すなわ》ち礼《れい》を失《うしな》う。礼を失えば則ち人離《ひとはな》れ、人離《はな》れれば則ち衆叛《しゅうそむ》く（指揮する者は、不遜になってはならない、不遜になれば礼儀にはずれた態度をとるようになる。礼儀にはずれた態度をとれば、指揮下にある人びとの心が離れ、人びとの心が離れれば、やがて多くの人びとが背くようになる）」など多くの名言を遺した諸葛亮《しょかつりょう》（一八一〜二三四）のことを、「連年《れんねん》、衆《しゅう》を動かし、未だ能《よ》く成功せざりしは、蓋《けだ》し応変《おうへん》の将略《しょうりゃく》は、其《そ》の長ずる所に非《あら》ざりしか（連年、多くの人びとを出動させながら、いまだによく成功しなかったのは、事態に応じて手ぎわよく処理する指揮者としての機略にすぐれていなかったからであろうか）」と記した評言は、諸葛亮を英雄視し、彼に対する尊敬の念の篤い人たちにとっては、耐えがたいものであった。

唐の房玄齢《ぼうげんれい》（五七八〜六四八）らが監修した正史『晋書』の史官は、つぎのような理由で陳寿を悪しざまに罵った。すなわち陳寿の右に掲げた評言を、「亮（諸葛亮）の将略《しょうりゃく》は長ずるに非《あら》ず、応敵《おうてき》の才無《さいな》し」と言いなして、陳寿を非難し、つぎのように論じている。陳寿が、諸葛亮の行動について批評したのは、陳寿の父が、「泣いて馬謖《ばしょく》を斬《き》る（大きな目的のためには、自分の愛するものでも捨て去ること）」という故事で知られる蜀の武将馬謖（一九〇〜二二八）に参軍《さんぐん》（軍事の謀議にあずかる官）として仕えていたとき、馬謖の軍は魏の軍隊に破れ、その責任を諸葛亮から問われて馬謖は死罪となった。そのとき陳寿の父も連坐して髡刑《こんけい》（髪をそり落とす刑）に処せられたからだ。陳寿は、それを恨んで、諸葛亮が、臨機応変に対処する能力に欠けていたというような悪口をたたいたのだというのである。

公正な立場の堅持

だが、実は、陳寿は諸葛亮を、その評言のなかで高く評価しているのである。すなわち諸葛亮の行なう刑罰や政治は厳しかったが、怨む者がなかったのは、心づかいが公平で、善を勧め悪を懲《こら》しめることが、はっきりしていたからであると述べる。さらに陳寿は、諸葛亮は、政治がどのようなものであるかを、十分に知っていた「良才《りようさい》」であって、春秋時代の管仲《かんちゆう》（?〜前六四五）や前漢の蕭何《しようか》（?〜前一九三）といった名立《なだ》たる宰相の「亜匹《あひつ》（匹敵するともがら）」であると、口をきわめて称賛している。

陳寿のこのような記述をみれば、けっして諸葛亮を貶《おとし》めるような態度で筆を執っているのではない。陳寿は、あくまでも歴史家として公正な立場を堅持し、事実をまげて書くようなことは、いささかもなかった。

倭人伝の価値

唐の史学批評家として著名な劉知幾《りゆうちき》（六六一〜七二一）は、その著『史通』曲筆篇において、陳寿のことを「記言《きげん》の奸賊《かんぞく》、載筆《さいひつ》の凶人《きようじん》（言葉を書きつけることの悪人、文章を書くことの悪漢）」とまで述べて、まるっきり悪者《わるもの》あつかいしている。しかし、陳寿の『三国志』に詳密な注をほどこした南宋の裴松之《はいしようし》（三七二〜四五一）は、「近世の嘉史《かし》（立派な史書）」であると褒めちぎったように、一般的には『三国志』に対する評価は、きわめて高い。

そのような評判の高い歴史書のうちの倭人伝であるから、記述内容が悪かろうはずはない。しかも陳寿は三世紀の前半から世紀末まで生きた人物である。邪馬台国に都していた倭の女王卑弥呼が魏の国と通交していた時期は、まさしく陳寿の幼少年時代であった。そして『三国志』は、陳寿が五十三歳になっていた西晋の太康六年（二八五）ころに成立している。まさに倭人伝は、邪馬台国、ないしは倭国が存続していた同時代に編纂された歴史書である。歴史を探るのに第一級の史料として、その価値は、まことに高い。

中書省《ちゅうしょしょう》に所属する著作郎《ちょさくろう》（歴史編纂官、晋の元康二年〈二九二〉、著作郎は秘書省に所属）の陳寿の手もとには、正史である『三国志』編纂にあたって、官府の文庫から借りだした非常に多くの材料があったで

倭人伝の材料と魚豢の『魏略』

あろう。当然、倭人伝の叙述にさいしても、多くの資料が活用されたはずである。

陳寿の倭人伝の記事の大部分が、魚豢《ぎょかん》の『魏略』に拠ったものであることは、疑いない事実であると、早くからいわれていた。たしかに倭人伝の書きだしの「倭人は、帯方《たいほう》の東南大海の中に在《あ》り、山島に依《よ》りて国邑《こくゆう》を為す」という文と、『魏略』の「倭は、帯方の東南大海の中に在り、山島に依りて国を為す」という逸文とを比べてみると、倭人伝は『魏略』にもとづいて記述されていると思われる。そこには、陳寿の『三国志』、ひいては倭人伝が、魚豢の『魏略』よりも、あとになって編纂されたものであるという当然の認識がある。

魚豢《ぎょかん》の経歴は、かならずしもあきらかではない。伝えによれば、魚豢は京兆《けいちょう》（洛陽）

の人で、魏の郎中《ろうちゅう》（尚書を助けて政務を担当する官職）であったという。また魚豢みずからが『魏略』において記していることによると、魏の京兆（洛陽）の人隗禧《かいき》が郎中を致仕したのち、魚豢は隗禧に従学し、『春秋左氏伝』や『詩経』『易経』『礼記』などの経書《けいしょ》を学んだという。隗禧は儒学に精通《せいつう》し、また天文学にもすぐれていた。隗禧は、つねに天体の現象を観測し、嘆息しながら天下の動乱について語っていたという。

魚豢の『魏略』倭伝の逸文に、「其の俗、正歳四節を知らず。但し春耕秋収を計《はか》りて年紀と為す」とあるのは、もしかしたら魚豢《ぎょかん》の師隗禧《かいき》から天文、暦象を学んだことによる魚豢の関心から発した叙述であったかもしれない。

こうした天文、暦象という興味のある記述がもられている倭伝をふくむ魚豢の『魏略』は、いつ成立したのか、はっきりしたことはわからない。その成立を晋の咸熙二年（二六五）、もしくは二七〇年（晋の泰始六）代とするなど、さまざまな推測説がある。

他方、倭人伝をふくむ陳寿の『三国志』が成立したのは、前述したように晋の太康六年（二八五）ころとみなされている。しからば、陳寿の倭人伝は、およそ一五年、ないしは二〇年前に撰述された魚豢の倭伝にもとづいて叙述されたということになる。

倭人伝の素材は魚豢か王沈か

だが、近時、陳寿の倭人伝は、魚豢の倭伝によって記述されているという通説に疑問がよせられることが多くなっている。

通説に疑問をもつ論者は、魚豢の『魏書』が、おおよそ二七〇年代に書かれ、晋の太康六年（二八五）ころに完成したといわれている陳寿の『三国志』に先立つことはたしかである。しかし、その年代差は、たかだか「数年」であって、両書は、親子関係でなく、兄弟関係とみるのが妥当であると説かれている。

そこでこの論者は、倭人伝をふくむ『魏志（魏書）』がもとづいた史書は、王沈《おうしん》（?〜二六六）の『魏書』であって、魚豢の『魏略』も、王沈の『魏書』に拠ったものであろうとする。ただ問題となるのは、裴松之《はいしょうし》注の『魏志』烏丸伝には、王沈の『魏書』、王粲《おうさん》（一七七〜二一七）らが著わした『漢末英雄記』と同一の書とみられている『英雄記』、そして『魏略』が引用されていることである。また鮮卑伝には、『魏略』だけが引用されている。

ところが東夷伝に裴松之が注として掲げたのは、魚豢の『魏略』ばかりであった。そこで王沈の『魏書』には、もともと東夷伝にあたる記述がなかったのであって、そのために烏丸、鮮卑伝のように王沈の『魏書』が引用されていないのだという見解がある。この説によれば『魏志』倭人伝は、王沈の『魏書』の流れには属していないということになる。

『魏志』烏丸・鮮卑伝と東夷伝の違い

『魏志』烏丸伝の書きだしは、「漢の末《すえ》、遼西《りようせい》烏丸の大人《たいじん》丘力居《きゆうりききよ》、衆は五千余落《らく》、上谷烏丸の大人《たいじん》難楼《なんろう》、衆は九千余落、各々《おのおの》王を称す。而して遼東属国烏丸の大人蘇僕延《そぼくえん》、衆は千余落、自ら峭王《しようおう》と称す。右北平烏丸の大人烏延《うえん》、衆は八百余落、自ら汗魯王《かんろおう》と称す。皆《みな》計策勇健有り」となっている。また鮮卑伝は、「鮮卑は、歩度根《ほどこん》、既に立ち、衆は稍《ようや》く衰弱し、中兄の扶羅韓《ふらかん》、亦別《またべつ》に衆数万を擁《よう》して大人《たいじん》と為《な》る」と書き起こされている。

ところが東夷伝の夫余《ふよ》の条は、「夫余は、長城の北に在《あ》り、玄菟《げんと》を去ること千里、南は高句麗と、東は挹婁《ゆうろう》と、西は鮮卑と接し、北に弱水有り、方二千里可《ばか》り」と書きはじめられている。また高句麗の条の冒頭には、「高句麗は、遼東の東千里に在り、南は朝鮮、濊《わい》貊《ばく》と、東は沃沮と、北は夫余と接す。丸都《がんと》の下《ふもと》に都し、方は二千里可《ばか》り、戸は三万なり」とある。

このような書きだしは、高句麗の条につづく東沃沮《とうよくそ》、挹婁《ゆうろう》、濊《わい》、韓《かん》、倭人の各条すべてに通じている。すなわち夫余以下、「東夷」の各民族の歴史を叙述するのに、まず地理的環境から説き起こしている。しかし、『魏志』の烏丸、鮮卑の両伝は、東夷伝とは、あきらかに異なっている。したがって裴松之は、烏丸、鮮卑の両伝に、王沈の『魏書』の冒頭の文を引用して、『魏志』の両伝の記述を補《おぎな》ったのであった。

注に引用された『魏書』

裴松之が、『魏志』烏丸伝に引用した王沈の『魏書』烏丸伝は、「烏丸は、東胡《とうこ》なり。漢の初め、匈奴《きょうど》の冒頓《ぼくとつ》、其の国を滅ぼす。余類、烏丸山を保《たも》ち、因りて以て号と為す。俗は騎射を善くし、水草に随《したが》って放牧し、居は常処無く、穹廬《きゅうろ》を以て宅と為し、皆《みな》、東に向う」から書き起こされている。

これが王沈の『魏書』烏丸伝の冒頭の記述であることは、『後漢書』烏桓伝が、「烏桓は、本《もと》、東胡《とうこ》なり。漢の初め、匈奴の冒頓《ぼくとつ》、其の国を滅ぼす。余類、烏桓山を保《たも》ち、因りて以て号と為す。俗は騎射を善くす」という文ではじまっていることからたしかめられる。

また裴松之が『魏志』鮮卑伝に注記している王沈の『魏書』鮮卑伝は、「鮮卑は、亦東《またとう》胡《こ》の余《のこ》りなり。別《わか》れて鮮卑山を保《たも》ち、因りて号とせり。其の言語、習俗は、烏丸と同じ。其の地、東は遼水《りょうすい》に接し、西は西城に当《む》かう」からはじまっている。これには、鮮卑の地理的位置を示す記事がふくまれているから、それが王沈の『魏書』鮮卑伝の冒頭部分であることがわかる。それは『後漢書』鮮卑伝が、「鮮卑は、亦《また》東胡の支《わ》かれなり。別《わか》れて鮮卑山を依《たも》ち、故《ゆえ》に因りて号とせり。其の言語、習俗は、烏桓と同じ」という同類の文で書きだされていることによって確認することができる。

すなわち陳寿の『魏志』烏丸、鮮卑両伝は、東夷伝の各条の書きだしとは違って、いきなり遼西烏丸の大人丘力居など、各大人の部落支配の状況から説きはじめ、あるいは鮮卑の歩度根が首領となったことや、歩度根の次兄扶羅韓が大人となったことから書き起こされている。そのために裴松之は、『魏志』の烏丸伝と鮮卑伝に、王沈の『魏書』烏丸伝、および鮮卑伝の冒頭部分の記事を引用注記して、陳寿が省《はぶ》いたものを補ったのである。

王沈の『魏書』にも東夷伝はあった

以上のように陳寿の『魏志』烏丸伝、鮮卑伝と東夷伝とを注意深く比べて見てみると、裴松之の『三国志注』の『魏志』東夷伝に、王沈の『魏書』が、まったく引用されていないわけが明確となってくる。

『魏志』東夷伝の夫余条の「夫余は、長城の北に在り、玄菟を去ること千里」、高句麗条の「高句麗は、遼東の東千里に在り」、東沃沮条の「東沃沮は、高句麗の蓋馬《がいば》大山の東に在り、大海に浜《そ》うて居す。其の地形は東北に狭《せま》く、西南に長く、千里可《ばか》り」、挹婁条の「挹婁は、夫余の東北千余里に在り、大海に浜《そ》う。南は北沃沮と接し、未《いま》だ其の北の極《きわ》まる所を知らず」、濊条の「濊は、南は辰韓と、北は高句麗、沃沮と接し、東は大海に窮《きわ》まる」、韓条の「韓は、帯方《たいほう》の南に在り、東西は海を以て限《かぎ》りと為し、南は倭と接し、方四千里可《ばか》り」、そして倭人条の「倭人は、帯方の東南大海の中に在り、山島に依りて国邑を為す」などという各条の書きだしは、裴松之が引用している王沈の『魏書』烏丸伝、および鮮卑伝の書きだしから類推すれば、陳寿の『魏志』東夷伝の夫余条以下の冒頭の記事と同様のことが、いずれも王沈の『魏書』にも記述されていたことは確実である。だからこそ裴松之は、『魏志』東夷伝にだけ『魏書』の記事を引用注記しなかったのである。

ちかごろ『魏書』に東夷伝はなかったとする見解が有力になりつつある。だが王沈の『魏書』にも東夷伝はあったとみなすべきであろう。

魚豢の『魏略』は王沈の『魏書』を材料としている

陳寿の『魏志』東夷伝に裴松之が、王沈の『魏書』を引用注記しなかったのは、すでに陳寿の『魏志』東夷伝に、王沈の『魏書』のそれと同様の記事があったからである。

そのために王沈の『魏書』と陳寿の倭人伝との関係を具体的に示すことは不可能である。他方、王沈の『魏書』と魚豢の『魏略』との関係を物語る記事を、両書の烏丸伝に見いだすことができる。

魚豢の『魏略』烏丸伝の逸文は、三ヵ条が知られている。そのうちの一ヵ条は、裴松之の烏丸伝の注に引用されている。他の二ヵ条は、『太平御覧』巻八百四十四、飲食部二、酒中条に他の『魏略』逸文とともに掲げられているもの、および『潜確居類書《せんかくきょるいしょ》』巻六にみえるものである。

これら二ヵ条の逸文と、裴松之が陳寿の『魏志』烏丸伝に引用注記した王沈の『魏書』烏丸伝の記事とを比べてみると、同一の文章をそれらに見いだすことができる。

すなわち『魏略』逸文の「烏桓の諸部の俗、能く白酒を作る。而るに麹糵《きくげつ》（こうじ）を作ることを知らず、常に中国に仰《あお》ぐ」（『太平御覧』巻八百四十四）という記事は、裴松之が引用している王沈の『魏書』烏丸伝に、「能く白酒を作る。而るに麹糵《きくげつ》を作ることを知らず。米は常に中国に仰ぐ」とあるのと、ほぼ同文である。また『魏略』逸文の「烏丸の俗、其の亡叛《ぼうはん》（逃げそむくこと）して、大人の為に摂《とら》えらる者、諸邑落は受くることを肯《がえ》んぜず。皆之《みなこれ》を逐《お》いて雍狂《ようきょう》の地に至ら使《し》む。地に土（山の誤記か）無く、沙漠《さばく》、流水、草（木の字脱か）有り。蝮蛇《ふくだ》（毒蛇、まむしのこと）多し。丁零《ていれい》の西南に在り」（『潜確居類書』巻六）という記事は、『魏書』烏丸伝の「其の亡叛して、大人の為に捕《とら》えらる者、諸邑落は受くることを肯《がえ》んぜず。皆逐《みなお》いて雍狂の地に至ら使《し》む。地に山無く、沙漠、流水、草木有り。蝮蛇《ふくだ》多し。丁令《ていれい》の西南、烏孫の東北に在り、以て窮困せり」とあるのと、ほとんど同じ文章である。ちなみに『後漢書』烏丸伝には、烏丸の邑落民が「白酒《はくしゅ》（にごりざけの類)」を作る記事はみえないが、「亡叛」(逃げそむく)の者についての記事は、「若《も》し亡畔《ぼうはん》(叛の字と同意)して、大人の為に捕えらる者、邑落は之を受くることを得ず、皆《みな》、雍狂の地に徙《うつ》し逐《お》う。沙漠の中、其の土《くに》、蝮蛇《ふくだ》多し。丁令《ていれい》の西南、烏孫の東北に在り」として記載されている。

さらに陳寿の『魏志』には伝を立てなかった西戎伝が魚豢の『魏略』にあって、その逸文には、「盤越国は、一名漢越王、天竺の東南数千里に在り、益部《えきぶ》(蜀の地をいい、益州のこと。今の四川省)と相近し。其の人、小(大の字脱落か)なること中国人と等《ひと》し」とある。これと同一の記事が王沈の『魏書』逸文に、「盤越国は、一名漢越王、天竺の東南数千里に在り、益部と相近し。其の人、小大《(ママ)》なること(身分の尊卑のあること)中国人と同《ひと》し」(『太平御覧』巻七百九十七)とみえる。

これら三つの『魏略』逸文から、『魏略』は、あきらかに先行する王沈の『魏書』の記事に拠っていることがわかる。

そこで陳寿の撰述した倭人伝も、先行する魚豢の『魏略』倭伝か、もしくは『魏略』と同じように王沈の『魏書』にもとづいて記述されたか、そのいずれかの系譜関係が考えられるのである。

複雑な継承関係

魚豢の『魏略』の記事を多く引用している唐の人張楚金撰の『翰苑』鮮卑の項に引く司馬彪《しばひょう》（陳寿と同時代の人）の『続漢書』逸文の「鮮卑は、亦《また》東胡の支《わ》かれなり。別《わか》れて鮮卑山を依《たも》ち、故に因りて号とせり。其の言語、習俗は、烏桓と同じなり」は、さきに掲げた『後漢書』鮮卑伝の書きだしと、ほとんど同文である。したがって『後漢書』鮮卑伝のこの文章は、司馬彪の『続漢書』の文を、そのままもちいたことが知られる。

ところが同じく『翰苑』鮮卑の項に掲げてある「其の地、東は遼水に接し、西は西城に当《む》かう。匈奴《きょうど》の冒頓《ぼくとつ》の破る所と為りて自《よ》り、遠く遼東の塞外《さいがい》に竄《のが》れ、烏桓と相接《あいせつ》す。未だ嘗《かつ》て中国に通ぜず。光武の時、南北の単于《ぜんう》、更《こもごも》相攻伐し、匈奴損耗《そんもう》す。而して鮮卑は遂に盛《さか》る。燉煌《とんこう》、酒泉《しゅせん》自《よ》り以東の邑落《ゆうらく》の大人、皆《みな》遼東に詣《いた》り賞賜《しょうし》を受く」という『続漢書』の文は、王沈の『魏書』逸文と比べてみると、あきらかに王沈の文に拠って書かれていることがわかる。

つまり司馬彪撰の『続漢書』は、先行史書である王沈撰の『魏書』を継承しており、そして范曄《はんよう》撰の『後漢書』は、『続漢書』を受け継いでおり、『続漢書』を通じて『魏書』の文を継承しているのである。現に『後漢書』鮮卑伝の「漢の初め、亦冒頓《またぼくとつ》の破る所と為り、遠く遼東の塞外《さいがい》に竄《のが》れ、烏桓と相接《あいせつ》す。未だ常に中国に通ぜず」という箇所も、王沈の『魏書』の記述を受け継いだ司馬彪の『続漢書』の文を抜きだしたものである。

よく知られているように范曄《はんよう》撰の『後漢書』は、晋の司馬彪の『続漢書』ばかりでなく、呉の謝承《しゃしょう》の『後漢書』、呉の薛瑩《せつえい》の『後漢書』、晋の華嶠《かきょう》の『後漢書』、晋の謝沈《しゃちん》の『後漢書』、晋の袁山松《えんさんしょう》の『後漢書』、撰者不詳の『後漢書』、そして東晋の袁宏《えんこう》の『後漢紀』などを参考にして編纂されたものであった。したがって同書の継承関係には複雑なものがあって、ただひとつの史書にしぼって、その記述の継承関係を云々することには慎重でなければならない。

倭人伝も同様

さて王沈の『魏書』には東夷伝がなかったことの理由として、裴松之の『三国志注』の東夷伝には『魏書』による補注のないこと、また陳寿本人が、東夷伝の序を、「前史の未《いま》だ備わざる所を接《つ》がん」と結んでいることがあげられている。

とくに『魏志』東夷伝の序の結びの文についていえば、陳寿は「前史の未だ備わざる所」を対象として東夷伝を記したと説いているとして、東夷伝は、陳寿が『魏志』東夷伝を編纂する時代以前の『魏書』などには存在していなかったというのである。また魚豢の

『魏略』の夫余、高句麗、韓、倭の各条の逸文が、いずれも『魏志』東夷伝の夫余以下の項の書き起こしの文とほぼ同文であり、『魏略』にも東夷伝があったことについては、『魏略』東夷伝、および『魏志』東夷伝の原型が、大鴻臚《だいこうろ》（外国の賓客、蕃夷の使者のことをつかさどる官庁）に記録、史料の整理されたもののなかにあったからであるとする。要するに王沈の『魏書』には、もともと東夷伝はなく、陳寿の『魏志』と魚豢の『魏略』とに東夷伝があるのは、大鴻臚に東夷にかかわる記録、史料の整理されたものがあり、それにもとづいて、それぞれが東夷伝を撰述したのであったというわけである。したがって『魏志』と『魏略』とは、親子関係ではなく、兄弟関係にあった史書であるというのである。

王沈は夷狄をたっとぶ

王沈（?～二六六）は、魏の正元《せいげん》年中（二五四～二五五）に、典著作《てんちょさく》の役職にあって、竹林の七賢のひとりとして名高い阮籍《げんせき》（二一〇～二六三）や、博学をもって聞こえ、毌丘倹《かんきゅうけん》（?～二五五）らが挙兵したとき、彼らを討つのに軍功をあげた荀顗《じゅんぎ》（?～二七四）らと『魏書』の撰修にあたった。その後、王沈は、単独で『魏書』の撰述につとめ、魏が滅亡する咸熙《かんき》二年（二六五、西晋の泰始元年）までに、それを完成させたようである。

魏が滅び、西晋の王朝が成立すると、王沈は晋朝に迎えられ、御史《ぎょし》大夫、守尚書令などを拝命した。王沈は才能に長じ、人望があり、当世に名をあらわしたという。晋王朝の創業にも参与したが、はかなくも晋の建国二年目にあたる泰始二年（二六六）に、この世を去ってしまった。王沈の経歴からみれば、陳寿と史書編纂の環境は、まったく同じであって、大鴻臚の記録類を容易にみることができた。

後世の史家は、例によって王沈の『魏書』に対しても、その評価にきびしいものがあった。そうしたなかで『魏氏春秋』の撰者孫盛《そんせい》とならべて、「王沈、孫盛の伍《たぐい》、……王業《おうぎょう》を論ずれば、則《すなわ》ち悖逆《はいぎゃく》（反逆）を党《たす》けて忠義を誣《そし》る。国家を叙すれば、則ち正順《せいじゅん》（正しく道理にそうこと）を抑《おさ》えて簒奪《さんだつ》を褒《ほ》む。風俗を述ぶれば、則ち夷狄《いてき》を矜《たつと》びて華夏《かか》を陋《いや》しむ」という評言には、注目すべき事がらがふくまれている。

すなわち、この評者唐の劉知幾《りゅうちき》（六六一〜七二一）が、王沈の王業（帝王の国土を治める大業）、国家についての取りあげ方とならべて、王沈が風俗の叙述にあたって、「夷狄を矜《たつと》びて華夏《かか》（中国）を陋《いや》しめている」と批判しているのは注目させられる。王沈が「夷狄を矜」んだと劉知幾がいうのは、かならずや王沈の『魏書』に、烏丸、鮮卑伝以下、夷狄の風俗や来歴を記した伝が立てられていたことを指しているに違いない。夷狄の伝には、当然東夷伝もあったとみなければならない。

陳寿の記す「前史の未だ備わざる所を接めん」の意味するもの

王沈の『魏書』には、東夷伝がなかったとする論者は、陳寿が東夷伝の序に記している「前史之所未備」を「前史の未だ備えざるところ」と訓みくだし、その対象として陳寿は東夷伝を成立させたというのである。しかし、序の「接前史之所未備焉」という文は、「前史の未だ備わざる所を接《あつ》めん」と読んで、「これまでの史書に欠けているところを集めて編纂しようとするものである」と解釈するのが妥当であろう。東夷伝を立てたということと、とくに関係がある記述とは思われない。

陳寿が東夷伝で意図したもの

陳寿は、東夷伝の序において、「景初《けいしょ》中、大いに師旅《しりょ》（軍隊）を興《おこ》し、淵《えん》（公孫淵）を誅《う》つ。……其の後、高句麗背叛《はいはん》し、又偏《またへん》師《し》（一部の軍隊）を遣わし、致討《ちとう》す（征伐する）」と述べている。

これは、景初二年（二三八）八月、遼東において自立していた公孫淵の政権を滅亡させ、また正始五年（二四四）から同七年（二四六）にわたり高句麗を征討したことを、陳寿は、とくに取りあげて、魏における「東夷世界」、すなわち東アジア世界に視野をひろげることになる画期として、最初の公孫淵討伐、および正始の高句麗征討を理解していたのである。

その結果として、陳寿は東夷伝の序で、「遂に周《あまね》く諸国を観《み》て、其の法俗を采《と》り、小大の区別、各々名号《おのおのめいごう》有るを詳紀《しょうき》するを得べし」ということになったと述べている。要するに、景初、正始の戦《いくさ》のあと、「東夷」の国ぐにを、あまねく観察し、その法制や習俗を採訪し、身分の大小の区別や、それぞれに呼び名があるのを詳細に記録することができるようになったというのである。これが陳寿が『魏志』東夷伝の序で述べている「前史の未だ備わざる所を接《あっ》めん」と意図した具体的な問題なのであった。

わが倭人伝もその例外ではなく、景初三年（二三九）の記述、および正始元年（二四〇）から同八年（二四七）にかけての記事も、景初、正始の戦後に整理された記録にもとづいて、陳寿が記述したものであった。

帯方から倭への道程

帯方東南大海の中の倭人

倭人と倭

倭人伝は、いまから一七〇〇年あまり前、三世紀後半の記録である。中国古代の「正史」のなかで、日本に関する詳細な記述では、最古の文献であって、全文二〇〇八字から成り立っている。倭人伝は、つぎのような文章ではじまっている。

倭人は、帯方の東南大海の中に在《あ》り、山島に依《よ》りて国邑を為す。旧《もと》百余国、漢の時、朝見する者有り。今《いま》、使訳通ずる所三十国。

魚豢《ぎょかん》の『魏略《ぎりゃく》』逸文《いつぶん》は、『魏志』倭人伝の「倭人は」から「国邑を為す」までの文を「倭は、帯方の東南大海の中に在り、山島に依りて国を為す」に作り、倭人伝の文とほぼ同文である。ただし『魏略』には、「倭人」とはなく、単に「倭」に作っている。『梁職貢図』倭国使のもとには、「倭国は帯方の東南大海の中に在り。山島に依りて居る」とあって、「倭国」に作る。

「倭人」の古い使用例は、後漢の班固《はんこ》（三二〜九二）撰の『漢書』地理志、燕地の条にみえる。『漢書』の撰者である後漢の班固と同時代の人王充《おうじゅう》（二七〜一〇〇）が著わした『論衡《ろんこう》』巻八、儒増篇に、「周の時、天下太平、越裳《えつしょう》白雉を献じ、倭人鬯草《ちょうそう》を貢ず。白雉を食し、鬯草を服するも、凶を除くこと能《あた》わず」とあって、周代に「倭人」が鬯草を貢じたことがみえる。同書巻十九、恢国篇にも、「成王の時、越裳雉を献じ、倭人暢《ちょう》を貢ず」とある。「倭人」が貢じた鬯草（暢・暢草）は、香草《かおりぐさ》の一種で、これを醸《かも》すと芳香《ほうこう》がゆきわたり、祭祀《さいし》にあたって、その醸した酒を灌《そそ》ぐと神が降臨するといわれ、嘉禾《かか》（穂の多くついためでたい穀）、朱草《しゅそう》（一日に一葉が生え、一五日になると一五葉が生え、一六日には一葉が落ちはじめ、落ち終るとまた生えはじめるという瑞草）、蓂莢《めいきょう》（堯の時代に生えたというめでたい草）などのたぐいと同様、祥瑞の草として重んじられていた。

鬯草（暢草）は、ひとり倭人だけが貢じたものとはいえない。同じく『論衡』巻十三、超奇篇に、「白雉は越《えつ》於《よ》り貢じ、暢草は宛《えん》於《よ》り献ず」とあり、また同書巻五、異虚篇には、暢草を「夷狄」が献じれば「吉」とされたと記されている。

このように暢草（鬯草）は、倭人が献上したものとはかぎらず、ひろく「夷狄」の貢物とみなされていた。もちろん周代に倭人が暢草を献上したとは信じがたい。前漢の時代にはじまった倭人との交流のなかでの取り沙汰《ざた》であったかもしれない。暢草が蘘荷《じようが》に類した多年草でもあるので、倭人伝に「蘘荷有《あ》るも、以て滋味と為《な》すを知らず」とみえるのが注目される。倭が蘘荷を中国王朝への貢献品に加え入れていた事実があったことが、周代にまでさかのぼっての伝説となったのであろうか。

倭にかかわる最古の記事

他方、「倭」のことが記されている最古の記事は、先秦《せんしん》の時代に作られたとされる『山海経《せんがいきよう》』の海内北経《かいだいほくけい》にみえるものである。それには、「蓋《がい》国《こく》は鉅燕《きよえん》の南、倭の北に在り。倭は燕に属す」とある。

倭の北にあるという「蓋国」は、『魏志』東夷伝に、「東沃沮《とうよくそ》は、高句麗の蓋馬大山《がいまたいざん》の東に在り」とみえ、また『後漢書』東夷伝の東沃沮の条、蓋馬についての李賢《りけん》（六五一〜六八四）注に、「蓋馬は県名、玄菟郡に属す」とある「蓋馬」に比定するのが、古くからの通説であった。しかし最近では、「蓋国」を「穢《わい》」とみなす説が有力である。

また「蓋国」は、「鉅燕《きょえん》」の南にあるとする。その「鉅燕」の「鉅」は、「大きい」を意味する語で、「大」と同義であるから、「鉅燕」は「大燕」のことである。燕は、春秋戦国の時代に、いまの北京の地あたりの薊《けい》に都をおき、現在の河北、遼寧省、および朝鮮半島北部にわたる地を領有し、強勢を誇った大国であった。『山海経』に「倭は燕に属す」とあるのは、その大国燕に倭が統属支配されていたことをいうのではない。ここにいう「属す」は、戦国の時代に天文家が中国の全土を天の二十八宿に割りあてて区分した「分野説」にもとづく分属を意味しているのである。

班固撰の『漢書』巻二十八下、地理志第八下の倭人についての記述が、燕地の条にふくまれているのも、古来からの「分野説」にもとづいている。

楽浪の海中に倭人有り　『漢書』地理志の燕地の条には、「楽浪の海中に倭人有り。分れて百余国を為す。歳時を以て来り献見すと云う」とある。「楽浪の海中に倭人有り」という文は、倭人伝の「倭人は、帯方の東南大海の中に在り」に対応している。「楽浪」と「帯方」の違いは、いうまでもなく時代の前後、すなわち歴史的変遷をありのままに反映させている。

「楽浪」は、西暦紀元前一〇八年、衛氏朝鮮を滅亡させた前漢によって真番、臨屯、玄菟郡とともに設置された楽浪郡のことである。

他方、「帯方」は、後漢の建安年間（一九六～二二〇）に、公孫康《こうそんこう》が楽浪郡の屯有県《とんゆうけん》（黄海北道黄州）以南の地を分割して設置した帯方郡のことである。

倭人伝の「旧《もと》百余国、漢の時、朝見する者有り」という記述は、『漢書』地理志の「分れて百余国を為す。歳時を以て来り献見すと云う」に対応している。『魏志』韓伝に、「漢の時、楽浪郡に属し、四時《しじ》朝謁す」とあるのは、前漢の時代に韓が、楽浪郡に属し、季節ごとに「朝謁」（「朝見」と同語、天子に拝謁すること）していたことを意味している。しからば倭人伝の「漢の時、朝見する者有り」、および地理志の「歳時を以て来り献見す」とは、倭が韓と同じように楽浪郡に属し、季節ごとに「朝見」（「朝謁」と同語）していたとみなしてよいのである。

前漢時代の倭人の「朝見」を、西日本の小さな国ぐにが楽浪郡に「朝見」していたと解釈するか、もしくは「朝見」（「朝謁」）を、天子に拝謁することとしてとらえ、また「献見」の「見」には、天子に拝謁する意味があるから、倭の使者が前漢の時代に、楽浪郡の役人に引率されて漢の皇帝に拝謁していたととらえるか、そのいずれかであろう。しかし、

「献見」の語の用例は『史記』大宛伝の「宛《えん》の西の小国驩潜《かんせん》、大益《だいえき》、宛《えん》の東の姑師《こし》、扜罙《うび》、蘇薤《そかい》の属皆《みな》、漢使に随って天子に献見す」という記事にみえ、また『漢書』地理志に、「会稽の海外に東鯷《とうてい》人有り。分れて二十余国を為す。歳時を以て来り献見すと云う」とあり、さらに同じく地理志に、「夫甘都盧《ふかんとろ》国自《よ》り船行二月可《ふたつきばか》り、黄支《こうし》国有り。民俗は略珠厓《ほぼしゆがい》と相類《あいるい》す。其の州《くに》広大にして、戸口多く、異物《いぶつ》（珍しい物）多し。武帝自《よ》り以来《このかた》、皆《みな》、献見す」とあるのによれば、「献見」とは、直接天子に拝謁し、貢物を献上することである。したがって、倭人の「朝見」も、「献見」も、ともに漢の皇帝に拝謁し、貢物を献じていたと解することもできる。『後漢書』倭伝にも、「会稽の海外に東鯷人有り」の記事がある。

ちなみに地理志の「東鯷人」の「歳時を以て来り献見すと云う」までの記事は、同じく地理志の「倭人」の記事の構文とほとんど同じである。中国の清《しん》の胡渭《こい》（一六三三〜一七一四）は、その著『禹貢錐指《うこうすいし》』において、「東鯷、後漢之《これ》を大倭国と謂《い》う。即ち今の日本なり」と述べている。この説にしたがって、中国、日本の現行の大きな辞典では、「東鯷」とは、中国から古い時代に日本を称していうとしている。しかし、「東鯷」を台湾とする見解が妥当であろう。

倭人伝よりも後世に成る南朝宋時代の人范曄《はんよう》（三九八〜四四五）撰の『後漢書』倭伝は、「倭は、韓の東南大海の中に在《あ》り、山島に依りて居を為す。凡《およ》そ百余国、武帝の朝鮮を滅ぼして自《よ》り、使駅《しえき》の漢に通ずる者は、三十許《ばか》りの国なり」にはじまる。

使訳通ずる所三十国

この『後漢書』倭伝のくだりは、いたって評判が悪い。右の文章は、倭人伝にもとづき作文したとするのが通説である。倭人伝の文章をけずったり、つくろい飾ったりする方法は、きわめて手ぎわよくなされているという批評がある。そして撰者范曄《はんよう》の造作が、その馬脚をあらわして誤りをおかしているのは、倭人伝が『漢書』地理志の「分れて百余国を為す。歳時を以て来り献見すと云う」とある文によって、「旧《もと》百余国、漢の時、朝見する者有り」とするくだりを、「凡そ百余国、武帝の朝鮮を滅ぼして自り」としているように、前漢武帝のころのこととして書き、つづいて倭人伝に魏の時代のこととして、「今《いま》、使訳通ずる所三十国」とあるくだりを、漢の時代にあてて、「使駅の漢に通ずる者は、三十許《ばか》りの国なり」とあらためているところだという批判がある。

『後漢書』が、「武帝の朝鮮を滅ぼして自り」とするのは、けっして間違っていない。前漢の武帝が朝鮮を滅ぼしたのは、『漢書』武帝紀、元封三年（西紀前一〇八）夏の条に、

「朝鮮、其の王右渠《うきょ》を斬《き》りて降《くだ》る。其の地を以て楽浪《らくろう》、臨屯《りんとん》、真番《しんばん》郡と為す」とみえ、『史記』孝武本紀、元封元年の条には、「其の明年（元封二年、西紀前一〇九）、朝鮮を伐つ」とあり、また同書の表、元封二年条には、「秋《あき》、楼船《ろうせん》将軍楊僕《ようぼく》、左将軍荀彘《じゅんてい》、遼東を出て朝鮮を撃《う》つ」とある。さらに同書の朝鮮伝には、元封二年秋の朝鮮への攻撃、翌年の朝鮮滅亡の詳細が記されている。『漢書』朝鮮伝、元封二年の条には、『史記』朝鮮伝にもとづいて、「其の秋、楼船将軍楊僕《ようぼく》、斉従《せいよ》り勃海《ぼっかい》を浮《わた》る。兵は五万。左将軍荀彘《じゅんてい》、遼東を出て、右渠《うきょ》を誅さんとす」とあり、同三年夏の条に、「尼谿《じけい》（朝鮮の属国名、のちの楽浪郡の提奚県かという。現在の寧越、永春のあたり）の相《しょう》（大臣）、参乃《さんすなわ》ち人を使《し》て朝鮮王右渠を殺さしめ来り降る。……故に遂に朝鮮を定め真番、臨屯、楽浪、玄菟《げんと》の四郡と為す」とみえる。

こうした史実をふまえて『後漢書』倭伝は、「武帝の朝鮮を滅ぼして自《よ》り」と記したのである。しかし、この文につづく「使駅《しえき》の漢に通ずる者は、三十許《ばか》りの国なり」には問題がある。「三十許りの国」とは、倭人伝の「今《いま》、使訳通ずる所三十国」にもとづいているとすれば、倭人伝の「今」すなわち魏の時代のことを無視して、「使訳」（「使駅」）を派遣してきている三〇国ばかりの国ぐにのことを漢の時代のこととしてしまっていることになる。しかし、これはけっして『後漢書』撰者范曄《はんよう》の誤りとはいえない。倭人伝の「今、使訳通ずる所三十国」をふまえながら、それを前漢の武帝（西紀前一五九〜八七）が衛氏朝鮮を滅ぼしてから以後の倭人の国ぐにの漢（後漢にかぎらない）への使者派遣のことを記述しているからには、「使駅の漢に通ずる者は、三十許りの国なり」に記されている「三十許りの国」の数にこだわる必要はない。『後漢書』東夷伝は、陳寿の『魏志』にもとづきつつも、達意の文章にあらため、齟齬《そご》の生じないように配慮がなされているとする評価は、顧みられてしかるべきであろう。

倭人伝に「今、使訳通ずる所三十国」とみえる「使訳」は、使者と通訳と解釈するのが通説となっている。

使訳と使駅

この通説は、『後漢書』東夷伝の総序に、「中興《ちゅうこう》（「中」は後漢霊帝の中平元年〈一八四〉からはじまる年号、「興」は献帝の興平元年〈一九四〉からはじまる年号、すなわち一八四年〈中平元年〉から一九五年〈興平二〉の間）自《よ》り後《のち》、四夷来賓《らいひん》し、時に乖畔《かいはん》（そむくこと）有ると雖も、而るに使駅は絶たず」と記されている「使駅」に、北宋の学者である劉攽《りゅうはん》（一〇二三〜一〇八九）が、「郵駅《ゆうえき》は中国に之《これ》有る可《べ》きも、四夷に通ず可からず。前書自《よ》り皆《みな》、使訳と言う。使は即ち使者、訳は則ち訳人、故に合わせて使訳と作《な》す」と注をつけたのに由来している。そして劉攽は、『後漢書』が「使駅」としているのは、「明らかに是《これ》、後人暁《さと》らず、妄《みだ》りに之を改むるなり」と評した。

しかし、「使駅」は「使訳」の誤りとしてしまってよいものであろうか。南北朝梁《りよう》の顧《こ》野王《やおう》撰の『玉篇《ぎよくへん》』には、「駅」は「訳なり、道なり」とあって、導《みちび》く、案内するという意味で「訳」とは同語であることが知られる。ちなみに『漢書』張騫《ちようけん》伝に、「烏孫、訳道《えきどう》を発《つか》わして騫《けん》を送る」とみえる「訳道」は、通訳と解釈されているが、この語も先導役の使者とみなしてよく、「使訳」「使駅」と同類の語であると考えられる。『漢書』の右の記事が典拠としたのは、『史記』大宛伝であった。それには、「烏孫、導訳《どうえき》を発《つか》わして騫《けん》が還《かえ》るを送る」とあって、「導訳」の用字で表記している。大宛伝には、また「大宛、以て然《しか》りと為《な》し、騫を遣《おく》るに導繹《どうえき》を発《つか》わ為《し》む」とあって、ここでは、「導繹」の語をもちいている。「導繹」の「繹」は、「驛（駅）」「譯（訳）」と同義字である。とすれば「使訳」は、「使駅」とともに、単純に「使者と通訳」と解釈してしまうことはできない。「導訳」「導繹」にしても同様である。

『漢書』の用例

前漢の元鳳四年（西紀前七七）、傅介子《ふかいし》が西域の楼蘭《ろうらん》国の王を誅殺するのに遣わされたときの『漢書』傅介子伝には、楼蘭の「使訳」のことが記されている。すなわち、「介子、士卒と倶《とも》に金幣《きんぺい》を齎《もたら》し、揚言《ようげん》して（公然と言いふらす）以て外国に賜うと名《ふれ》しめ、楼蘭に至る。楼蘭王の意《こころ》は、介子に親《した》しまず。介子は陽《いつわ》って引《しりぞ》き去り、其の西界に至る。使訳に謂《い》わしめて曰く、漢の使者は、黄金錦繍《きんしゅう》を持して行きて諸国に賜わらんとす。王、来りて受けざれば、我（使者）は去りて西国に之《ゆ》かんとすと。即ち金幣を出して以て訳に示す。訳は還《かえ》りて王に報ず。王は漢の物を貪《むさぼ》らんとし、来りて使者に見《まみ》ゆ」とある。楼蘭王は、傅介子の言葉に欺《あざむ》かれて命《いのち》を殞《おと》し、楼蘭王国は滅亡してしまう。

ここでの楼蘭の「使訳」は、通訳とされているが、漢の使者である傅介子を案内した楼蘭の先導役の使者であるともいえるであろう。「使訳」を単純に「使者と通訳」と理解してしまえないのである。

『魏志』と『後漢書』の用例

倭人伝に記されている「使訳」は、はたして通説のように使者と通訳と解釈してしまってよいのであろうか。古代中国との交流にあたって、漢語を話せる倭人の通訳が、使者にともなわれていたのであろうか。通訳のことを、いままで正面《まとも》に考えてみたことがなかったのではないか。

『魏志』には、その烏丸鮮卑東夷伝の末尾に付せられている「評に曰わく」に、「魏の世、匈奴《きょうど》遂に衰《おとろ》え、更《かわ》って烏丸《うがん》、鮮卑《せんぴ》有り。爰《ここ》に東夷と及《とも》に、使訳、時に通ず」とあって、

「使訳」の用例が、いまひとつある。

また『後漢書』和帝紀の永元六年（九四）の条に、「春正月、永昌の徼外《きょうがい》の夷、使訳を遣わし、犀牛《さいぎゅう》、大象を献ず」とあって、「使訳」の用例が見いだせる。これは永昌郡（雲南省保山県の北）の砦《とりで》のそとの夷が、「使訳」を遣わして犀牛（サイ科に属する大きな草食獣）と大きな象を献じたという記事である。

このように「使訳」の用語は、『漢書』『魏志』『後漢書』を通じて異民族の使者についてみられ、通訳つきの使者と、すべてを割り切ってしまうことはできないであろう。「使訳」は、使者と通訳と解釈しないで、ひろく使者、使節として理解したほうが理にかなっているといえるであろう。

「使駅」の用例

『魏志』をふくむ『三国志』は、異民族の使者のことを、すべて「使訳」として表記しているかと言うと、かならずしもそうではない。

『呉志』薛綜《せっそう》伝には、漢の武帝が元鼎《げんてい》六年（西紀前一一一）、南越《なんえつ》を滅ぼし、南海《なんかい》（広東省番禺《ばんぐう》県）、蒼梧《そうご》（広西省蒼梧県）、鬱林《うつりん》（広西省桂平《けいへい》県）、合浦《ごうほ》（広東省海康《かいこう》県）、交趾《こうし》（ベトナム北部のハノイ）、九真《きゅうしん》（ベトナムのタンホワ）、日南《じつなん》（ベトナムのユエ）、珠崖《しゅがい》（広東省瓊《けい》山《ざん》県）、儋耳《たんじ》（広東省儋県）の九郡を設置する以前の交趾《こうし》などベトナムの異民族について、

「民は禽獣の如く、長幼の別無く、椎結《すいけつ》（さいづちまげ）徒跣《とせん》（はだし）し、貫頭《かんとう》（布の中央に穴をあけ、その穴に頭をとおして着る簡単な衣服、いわゆる貫頭衣）左衽《さじん》（左のえりを下にして着ること）す。長吏の設《もう》け有ると雖も無きが如し。斯れ自《こ》より（交趾郡など設置して）以来、頗《すこ》ぶる中国の罪人を徙《うつ》し、其の間《かん》（ところ）に雑居せしむ。稍《ようや》く書を学び、粗《あら》まし言語を知れり。使駅往来し、観《み》るに礼化《れいか》見《あら》わる」とみえる。

　ここでは、当然「使訳往来し」とあるべきところを「使駅往来し」と記述している。したがって、通説のように『後漢書』の撰者など後人が、異民族の中国と通交往来する使者を言いあらわすのに「使訳」のことを「使駅」と誤ったのではなく、『三国志』の『呉志』に、すでに「使訳」とあるべきところが「使駅」と表記されているのは、早くから「使訳」と「使駅」とが通じてもちいられていたことをしめしている。「使駅」は、「使訳」の誤用とすべきではない。

　なお『後漢書』西羌伝、滇良《てんりょう》の条には、「又数々《またしばしば》、使駅を遣わして動静《どうせい》（消息のこと）を通ず。塞外《さいがい》（とりでの外）の羌夷を使《し》て吏の耳目《じもく》（手先となって働く者）為《た》らしめ、州郡、此《これ》に因って儆備《けいび》（警備のこと）するを得可《うべ》し」とあって、「使駅」の用例がみえる。

帯方郡から倭へ

倭に至るには

倭人伝は、帯方郡から韓国を経て、一支国《いきこく》に至る里程と、対馬国と一支国の地理とを、つぎのように描いている。

郡従《よ》り倭に至るには、海岸に循《したが》って水行し、韓国を歴《へ》て、乍《たちま》ち南し、乍ち東し、其の北岸狗邪韓国《くやかんこく》に到る七千余里。始めて一海を度《わた》ること千余里にして対馬国に至る。其の大官を卑狗《ひく》と曰《い》い、副を卑奴母離《ひなもり》と曰う。居《お》る所は絶島、方《ほう》四百余里可《ばか》り。土地は山険《けわ》しく、深林多く、道路は禽鹿《きんろく》の径《こみち》の如《ごと》し。千余戸有るも、良田無く、海物を食して自活し、船に乗りて南北に市糴《してき》す。又《また》南に一海を渡ること千余里、名づけて瀚海《かんかい》と曰う。一大国に至る。官を亦《また》卑狗と曰い、副を卑奴母離と曰う。方《ほう》三百里可《ばか》り、竹木《ちくぼく》、叢林《そうりん》多く、三千許《ばか》りの家有り。差《やや》田地有り、田を耕《たがや》すも、猶《なお》食するに足《た》らず、亦南北に市糴《してき》す。

「郡従り倭に至るには」以下の文を、『翰苑』が引用している『魏略』の逸文は、「帯方従《よ》り倭に至るには、海岸に循《したが》って水行し、韓国を歴《へ》て、拘耶韓国《くやかんこく》に到る、七十《（ママ）》余里。始めて一海を度《わた》ること千余里にして対馬国に至る。其の大官を卑狗《ひく》と曰い、副を卑奴《（ママ）》と曰う。良田無く、南北に市糴《してき》す。南に海を度《わた》り、一支国に至る。官を置くこと対と同じ。地の方《ほう》三百里」に作っている。『梁職貢図』倭国使のもとには、「帯方自《よ》り海水に循《したが》って、乍《たちま》ち南に下りて東し、其の北岸に対《む》かう。三十余国を歴《ふ》る。万余里可《ばか》り」とある。

倭人伝、および『魏略《ぎりゃく》』逸文《いつぶん》にともに記されている「海岸に循《したが》って水行し」と「始めて一海を度《わた》る」の「水行」と「一海を度る」という語句は、

水行と渡海

同様に海を渡るにしても、その航行の在り方に、はっきりした違いがある。「水行」のほうは、「海岸に循って」とあるように、海岸沿《ぞ》いに航行することであり、「一海を度る」、すなわち「渡海」のほうは、外洋を渡ることである。「水行」については、

後文に「南して投馬国に至る水行二十日」、「南して邪馬臺国に至る。……水行十日、陸行一月」とあるのが、よく知られている。「水行」のことは、後にふたたび言及する。

韓国を歴て

『魏志』韓伝に、「韓は帯方の南に在り。東西は海を以て限りと為し、南は倭と接す」とある。また同伝に、「建安中（一九六～二二〇）、公孫康《こうそんこう》、屯《とん》有県《ゆうけん》以南の荒地を分かち帯方郡と為す。……是の後、倭、韓遂に帯方に属す」とあって後漢、献帝の建安九年（二〇四）ころ、公孫康によって帯方郡が設置されてから韓は倭とともに帯方郡に属することとなった。韓には三つの種族があって、これを同伝は、「三種有り。一は馬韓《ばかん》と曰い、二は辰韓《しんかん》と曰い、三は弁韓《べんかん》と曰う」と記す。三つ目の弁韓は、弁辰《べんしん》とも称し、その弁辰伝に、「国に鉄を出す。韓、濊、倭皆《みな》従って之を取る。諸《もろもろ》の市買《しばい》（売り買いのこと）には皆、鉄を用う。中国の銭を用いるが如し」とあり、また弁辰伝に、「男女は倭に近く、亦《また》文身す」とある。さらに同伝に「其の瀆盧国《とくろこく》は、倭と界を接す」ともある。弁辰（弁韓）の瀆盧国は、同伝にみえる一二国の一つで、同伝に「弁辰瀆盧国」とある。倭と界を接しているとする瀆盧国は、現在の大韓民国釜山直轄市にあたるとみられている。弁辰伝の「国に鉄を出す。韓、濊、倭皆従って之を取る」云々の文を、『魏略』逸文は、「弁辰の国、鉄を出す。韓、濊皆従って之を市《か》う。諸の市買《しばい》には皆鉄を用う。中国の鉄を用いるが而《ごと》きなり」に作る。「韓、濊」の下に「倭」の字がないのは、この逸文を載せている『太平御覧』八百十三、鉄の条が引用するにあたって脱したか、後人が転写するさいに逸したものであろう。

なお『後漢書』韓伝は、「韓は三種有り。一は馬韓と曰い、二は辰韓と曰い、三は弁辰と曰う。馬韓は西に在りて、五十四国有り。其の北は楽浪と南は倭と接す。……弁辰は辰韓の南に在り。亦《また》十有二国、其の南は亦《また》倭と接す」とあり、また「其の（馬韓）南界は倭に近く、文身する者有り」とみえる。さらに「国に鉄を出す。濊、倭、馬韓並びに従って之を市《か》う。凡そ諸の貿易には、皆《みな》鉄を以て貨と為す」とある。弁辰については、「其の国、倭に近く、故に頗る文身する者有り」と記す。『漢書』韓伝が倭などが産出する鉄を買って、売買にもちいる、その鉄の産地を馬韓であるごとくに記しているのは曖昧な記述である。本来、弁辰のくだりにあるべきものを、『後漢書』の撰者は、馬韓のほうに移してしまったのである。あるいは、同書が編纂された南宋の時代に鉄を産出する弁辰の地が、馬韓（百済）の領域に入ってしまっていたためか。

乍ち南し、乍ち東し

「乍ち南し、乍ち東し」は、かつて「乍《あるい》は南し、乍《あるい》は東し」と読むのが通説となっていたが、最近では「乍《たちま》ち南し、乍《たちま》ち東し」と読み、「南へ航行したり、東へ航行したり」と解釈されるようになった。

「乍ち……乍ち……」の古い用例は、『史記』日者列伝第六十七、司馬季主《しばきしゅ》伝に、「先王の道、乍ち存し、乍ち亡《うしな》う（先王の道は、存在したり、滅びたりする）」とあるもの。『文選』所収の魏の曹植《そうしよく》（曹子建、一九二〜二三二）の「洛神の賦《らくしんのふ》」に、「神光離合し、乍ち陰《くら》く、乍ち陽《あき》らかなり（神々《こうごう》しい光が散り、また集まり、暗くなったり、明るくなったりした）」という用例がある。なお唐の姚思廉《ようしれん》（？〜六三七）撰の『梁書』諸夷伝の倭の条は、「乍ち東し、乍ち南す」に作り、また同条に、「又《また》大蛇有りて此の獣（山鼠）を呑む。蛇の皮は堅《かた》くして斫《き》る可《べ》からず。其の上に孔《あな》有り。乍ち開き、乍ち閉《と》ず。時に或いは光有《ひかりあ》り、之を射て中《あ》たれば、蛇則《すなわ》ち死す」とあって、「乍ち……、乍ち……」の用例がみえる。ちなみにこの大蛇伝説について、「日本人たるわれわれ何とも見当のつかぬ珍談だが、何か鯨の潮吹きの孔等から思いついた捏造説でなかろうか」との評がある。

狗邪韓国

『魏志』弁辰伝にみえる「弁辰狗邪国」であろう。現在の金海市あたり。伽耶、伽落、加羅、金官とも称せられる地。

狗邪韓国に冠せられている「其の北岸」について「倭の北方の対岸にあたる狗邪韓国」、あるいは「倭の北の対岸である狗邪韓国」と解釈するのが妥当であろう。『後漢書』倭伝には、「其の西北界の拘邪韓国を去ること七千余里なり」とあって、狗邪韓国を「拘邪韓国」に作り、「其の北岸」を「其の西北界」とする。

狗邪韓国を『後漢書』倭伝が、倭の西北界とするのは、同書倭伝の撰述当時の地理観が反映しているものと考えられる。この地理観によれば、倭は東西にまたがるものと認識されていたことになる。これに対して倭人伝が、狗邪韓国を「其の北岸」とするのは、倭が南北にわたって広がるものとする地理観に立っての記述であることによる。

七千余里の里程

帯方郡から狗邪韓国までの距離七千余里は、帯方郡から狗邪韓国まで終始、水行する、つまり朝鮮半島の西海岸、そして南海岸に沿って航行する里程とみなす説と、帯方郡を船で出発し、途中韓国に上陸し、以後、狗邪韓国まで陸行する里程とみなす説とがある。

帯方郡から狗邪韓国を経由して倭へ行くのに「水行」という海岸沿いの航路をとって船出したのに、わざわざ韓国で船を捨てて陸路をとって狗邪韓国へ行くという手間をかけたであろうか。帯方郡の港を出帆した船は、狗邪韓国を経て、一路、倭へ航行したに違いない。

帯方郡から狗邪韓国までの里程七千余里の一里は、魏の時代の単位によると今日のおよそ四三五㍍《メートル》とみられる。「七千余里」をはじめ、以下にみえる「千余里」も、いずれも実際の距離数とあわない。

対馬国　狗邪韓国から渡海して、はじめて到達する「対馬国」は、現在の対馬（長崎県上県《かみあがた》郡、下県《しもあがた》郡）。対馬の弥生時代後期の木坂《きさか》遺跡（長崎県上県郡峰町木坂字ヨケジ）は箱式石棺七基、配石遺構二基からなる群集墓であるが、この遺跡から弥生式土器とともに朝鮮で製作された金海式土器が出土し、対馬と狗邪韓国に擬せられている金海とのあいだに交流があったことを如実にしめしている。また弥生時代後期の埋葬遺跡である塔《とう》ノ《の》首《くび》遺跡（長崎県上県郡上対馬町古里字在所陽）からは箱式石棺五基とともに朝鮮系の遺物が北九州系の遺物にともなって多数出土している。なかでも二号石棺内から金海式土器の壺、鉢がまた石棺外から金海式土器の破片が出土しているのが注目される。というのは、下文に記されている「船に乗りて南北に市糴《してき》す」にともなう文化的交流の様相をつぶさに物語っているからである。

大官とされている「卑狗」と副官という「卑奴母離」は、下文の「一大国（一支国）」のところにも「官を亦《また》卑狗と曰い、副を卑奴母離と曰う」とあり、対馬国と一支国に共通する官名。

卑狗と卑奴母離

「卑狗」は、人名や神名などに付けられている比古、日子、毗古（以上『古事記』）、彦（以上『日本書紀』）などと表記される「ヒコ」と同系統の語とみられている。

『古事記』にみえる「比古」「比売」について、本居宣長は、「比古」「比売」の「比」は「美称《たたえな》」であって、すべて「物の霊異《くしび》なる」ことを云い、「比古」「比売」は、「霊異之児《くしびなるこ》」と云う意であると説いた。「ヒ」は、「日」「太陽」のことで、「ムスヒ（産霊）」の「ヒ」と同じであり、太陽の霊力と同じものとみられた原始的観念における霊力を意味するとするのが今日における説。そして「比古」の「こ」は、そうした霊力を受けた「子」の意味であり、「比古」は、男性の尊称として一般的なものになったという。

「卑狗」を「日子」とするけれども、同時に「火子」とも解して、原始共同体における生活にあって、宗教的行事の主宰者の面影がとどめられているとする説もある。ただし「日」と「火」は、音韻からみて別語とみなすのが通説となっている。

倭人伝の官名「卑狗」は、下文に記されている狗奴国の官名にもみられる。すなわち

「其の官に狗古智卑狗」とある「卑狗」は、対馬国、一支国に共通してみられる「卑狗」と同語であろう。もともと「卑狗」は、首長を意味する称号であったようである。

副官とされている「卑奴母離」は、対馬国、一支国のほか、奴国、および不弥国の「副」としてもみえる。「卑奴母離」は、『日本書紀』景行天皇十八年三月の条に、「天皇、京《みやこ》に向《いでま》さむとして、筑紫国を巡狩《めぐりみそなわ》す。始《はじ》めて夷守《ひなもり》に到る。是の時に、石瀬河《いわせかわ》の辺《ほとり》に、人《ひと》衆《ども》聚集《つど》えり。是《ここ》に、天皇遙《はるか》に望《おせ》りて、左右《もとこひと》に詔《みことのり》して曰《のたま》わく、其《か》の集《つど》えるは何《な》人ぞ。若《けだ》し賊《あだ》かとのたまう。乃ち兄夷守《えひなもり》、弟《おと》夷守、二人を遣《つかわ》して覩《み》せたまう」とある「夷守」と同語とするのが定説である。景行天皇紀の記事にみえる「夷守」は、地名の夷守（日向国夷守駅、今の宮崎県小林市付近）、および人名として記されている。

人名や地名になる以前には、地方を守る官名として存在していたものと考えてよく、倭人伝の「卑奴母離」は、それが古くから設けられていたことを物語っている。なお「卑奴母離」は、「日の守」「火の守」であり、祭祀をつかさどる官職とみなす説もある。

「ひなもり（卑奴母離・夷守）」は、「さきもり（防人）」の前身とも考えられているが、両者には言葉相当の相違があったとみられている。「ひなもり」と「さきもり」とは違うものであるという説は、卑弥呼女王が派遣した官ではなく、それぞれの国が設置した地方官であるとする前提にもとづいている。

「卑狗」という官が、対馬国、一支国の二国に共通するのに対し、「卑奴母離」が、対馬国、一支国のみならず奴国、不弥国にまで、ひろく共通していることに注目すべきであろう。

瀚海　倭人伝の地理的記述によれば、もちろん対馬海峡にあたる。この海域を「瀚海」と称した記述は、古代中国の書にはみえない。『史記』匈奴伝に、「翰海に臨《のぞ》みて還る」とあり、また同書、および『前漢書』霍去病伝《かくきょへい》に、「翰海に登臨す（高い所にのぼって、下をながめる）」とみえる「翰海」は、倭人伝の「瀚海」とは、もちろん別の場所。『史記』の注釈書は、「翰海」は、「北海」の名であるとする。また、バイカル湖、ゴビ砂漠とみなす説もある。群鳥が羽を休め、産卵する所であるから、名づけたとする説は、「翰」に「はね（羽）」の意味もあることによるものか、もしくは「翰海」と称する砂漠に渡り鳥が群集して産卵することを伝えたものであろうか。

一大国　倭人伝の「一大国」は、「一支国」の後世における誤写。『魏略』逸文は、「一支国」に作り、『梁書』倭伝、『北史』倭国伝も、ともに「一支国」に作る。

一支国は、壱岐島。『古事記』大八島国生成の段に「伊伎嶋」、『日本書紀』神代上、第四段に「壱岐嶋」とある。

壱岐での最大の弥生時代の遺跡は、原ノ辻《はるのつじ》遺跡（長崎県壱岐郡芦辺町深江鶴亀触《つるきふれ》、石田町石田西触《にしふれ》）である。この遺跡の高原地区の遺跡は、「一支国」の王族のものとみられる墓が営まれ、前漢末から後漢にいたる数面の鏡が出土している。また原ノ辻遺跡からは、西紀八年に王莽《おうもう》（西紀前四五〜後二三）が建てた新《しん》の貨幣である貨泉《かせん》や楽浪系の漢式土器が出土しており、対馬国と同様、一支国の朝鮮半島との交流の密であったことを物語っている。

また原ノ辻遺跡とならんで壱岐における著名な遺跡であるカラカミ遺跡（長崎県壱岐郡勝本町立石東触《ひがしふれ》字カラカミ）からは、楽浪系の漢式土器とともに金海式土器も出土しており、一支国と狗邪韓国との交流が密接であったことがわかる。

邪馬台国への道

末盧国から邪馬台国へ

末盧国からの国ぐに

狗邪韓国《くやかんこく》から海を渡り、対馬国から一支国《いきこく》をへて、九州の北端に位置する末盧国《まつらこく》に到達し、そこからの国ぐにへの行程を、倭人伝はつぎのように記している。

又《また》、一海を渡ること千余里にして、末盧国《まつらこく》に至る。四千余戸有り。山海に浜《そ》って居《す》む。草木茂《しげ》り盛《さか》えて、行くに前人を見ず。魚鰒《ぎょふく》を捕《と》らうることを好み、水は深浅と無く、皆《みな》、沈没して之《これ》を取る。東南に陸行すること五百里にして、伊都国《いとこく》に到る。官を爾支《にき》と曰い、副を泄謨觚《えいもこ》、柄渠觚《へいきょこ》と曰う。千余戸有り。世々《よよ》王有り。皆《みな》、女王国に統属す。

郡使の往来、常に駐《とど》まる所なり。東南して奴国《なこく》に至る百里。官を兕馬觚《じまこ》と曰い、副を卑奴母離と曰う。二万余戸有り。東に行きて不彌国《ふみこく》に至る百里。官を多模と曰い、副を卑奴母離と曰う。千余家有り。

末盧国から東南に陸行して五〇〇里のところに伊都国がある。東南して一〇〇里の地点に奴国、さらに東に行き一〇〇里のところに不彌国がある。この記事の読みとり方には、二つの説がある。末盧国から伊都国に、伊都国から奴国に、奴国から不彌国に到達するとみなす直線的に記述されている説は、古くからの読み方。これに対して、末盧国から伊都国までの記述の仕方は、「方向＋里程＋国名」となっているのに、奴国、および不彌国のところの記述は、「方向＋国名＋里程」となっていて、伊都国から奴国に、また伊都国から不彌国に至るというように、伊都国を起点として、以下の国ぐにを読みとる説がある。

魚豢《ぎょかん》の『魏略』逸文には、「又《また》、海を度《わた》ること千余里にして、末盧国に至る。人善《ひとよ》く魚を捕え、能《よ》く水に浮没して之を取る。東南五百里にして、伊都国に到る。戸は万余にして、官を置くに爾支《にき》と曰い、副を洩渓觚《えいけいこ》、柄渠觚《へいきょこ》と曰う。其の国の王は皆《みな》、女王に属するなり」とあって、伊都国までの記事が残っている。

末盧国

『古事記』仲哀天皇段に「末羅県《まつらのあがた》」、『日本書紀』神功皇后摂政前紀（仲哀天皇九年四月甲辰条）に「松浦県《まつらのあがた》」とみえ、後の肥前国松浦郡の地。

末盧国の中心地は、唐津湾に沿った桜馬場《さくらのばば》遺跡（佐賀県唐津市桜馬場四丁目一二八五）のあたりで、この遺跡は、末盧国の王の墓地とみられている。この遺跡からは、「尚方の作りし竟《かがみ》は真に大いに好し。上に仙人有りて老いを知らず。渇《かわ》けば玉泉を飲み、飢ゆれば棗《なつめ》を食らう。天下に浮游して、四海に敖《あそ》び、名山《めいざん》を徘徊《はいかい》して、芝草《しそう》（さいわいだけ・ひじりだけ）を採《と》る。寿《よわい》は金石の如く、国を保つところと之《な》らん」という銘文のある流雲文縁方格規矩四神鏡と、「太山に上り神人《しんじん》と見《まみ》え、玉英《ぎょくえい》を食《く》らい、澧泉《れいせん》を飲み、交竜《こうりゅう》に駕して、浮雲に乗《の》れば長《とこ》しえに宜《よろ》しきを享《う》けん」という銘文が記されている素縁方格規矩渦文鏡が出土している。これら両鏡は、後漢初めの青銅鏡であって、後漢との交流が楽浪郡を通してあったことがうかがえる。

この遺跡からは、前漢の内行花文鏡の破片が出土している。銘文のある部分の破片は発見されていないが、同種の鏡から類推して「長《とこ》しえに子孫に宜しからん」の銘文があったものといわれている。前漢時代の鏡は、末盧国の故地である唐津の他の遺跡からも、完全なものが出土している。その鏡は、柏崎田島遺跡（唐津市柏崎字田島）から出土した内行花文日光鏡であって、「日月の明るき光を見れば、貞《すぐ》（＝卓）れたるを田《おも》（＝思う）」という銘文がある。

桜馬場遺跡とならんで唐津における著名な遺跡は、宇木汲田《うきくんでん》遺跡（唐津市宇木字汲田）である。この遺跡からは、朝鮮半島からもたらされた古い銅鏡である多鈕細文鏡《たちゆうさいもんきよう》一面が出土している。前漢鏡とともに多鈕細文鏡が唐津の弥生時代遺跡から出土しているのは、末盧国の対外交流が盛んであったことをしめしている。

魚鰒を捕えることを好む

魚は、さまざまな魚類。鰒《ふく》は、あわび（鮑・蚫）、とこぶし（常節《とこぶし》、あわびに似た小型の食用貝）などの貝類。

『肥前国風土記』松浦郡《まつらのこおり》の条に、「逢鹿《あうか》の駅《うまや》、……駅の東の海に、蚫《あわび》、螺《にし》、鯛《たい》、海藻《め》、海松《みる》等《ども》有《あ》り」とあり、また「登望《とも》の駅《うまや》、……駅の東と西との海に、蚫、螺、鯛、雑《くさぐさの》魚、海藻《め》、海松《みる》等《ども》有《あ》り」とある。逢鹿は、唐津市相賀《おうが》、登望は、佐賀県東松浦郡呼子《よぶこ》町大友・小友が遺称地。末盧国の故地が海産物に恵まれていたことは、倭人伝の記述に符合している。

伊都国

福岡県糸島郡のうち旧怡土《いと》郡が故地。『古事記』仲哀天皇段に、「筑紫国の伊斗《いと》村」とあり、『日本書紀』仲哀天皇八年正月壬午条に、「伊覩県主《いとのあがたぬし》」、神功皇后摂政前紀（仲哀天皇九年九月己卯条）に、「伊覩県」とみえる地。『筑前国風土記』逸文には、「怡土《いと》郡」「怡土県主」とある。

伊都国についての倭人伝の記述には、この前後の国ぐにとは、やや違って特異なものがある。すなわち、副官に泄謨觚と柄渠觚という二つの官があったこと、「世々王が有る」こと、「帯方郡の郡使の往来のとき、常に駐まる所」であることなどである。そうした様相は、弥生文化時代の遺跡からの出土品によってもうかがうことができる。

伊都国の中心地帯にあたると考えられる三雲《みくも》南小路《みなみしょうじ》遺跡（福岡県前原市大字三雲）は、弥生中期後半の王墓のある遺跡である。この遺跡から出土した甕棺墓《かめかんぼ》からは前漢の清白鏡（異体字銘帯鏡）など三五面が、文政五年（一八二二）に出土したが、その一面には、「絜《きよ》く清白《せいはく》（清くいさぎよいこと）にして君に事《つか》えしも、之を陰《おお》い明かなるを合《おお》（＝弇）うを窓《うら》む。玄昜《げんせき》（＝錫）の流沢を佊《いつわ》り、疏《そ》（＝疎）にして日に忘らるるを恐《おそ》る。美人《びじん》、承《しょう》を兑《よろこ》ぶ可《べ》きを外にし、永《とこ》しえに思いて紀《た》（＝絶）ゆること無《なか》らん」という銘文がある。

この銘文は『楚辞《そじ》』に収められている屈原《くつげん》（西紀前三四三〜前二九〇）の作とされる詩によるところが多い。たとえば銘文の「清白《せいはく》」は、『楚辞』の「離騒《りそう》」に、「清白に伏《したが》って以て直《ちょく》（忠直）に死ぬるは、固《もと》より前聖（前代の聖王）の厚《おも》んずる所《ところ》」をふまえた語句である。つづく「君に事《つか》えしも」は、「九章、惜誦《せきしょう》」に、「忠誠を竭《つく》して君に事《つか》えしも、反《かえ》って群《なかま》に離《そむ》かれて贅肬《ぜいゆう》（無用者）たり」によっている。司馬遷《しばせん》（西紀前一四五？～前九〇？）も『史記』の屈原伝において、屈原のことを、「忠を竭《つく》し智を尽《つく》して、以て其の君に事《つか》う。讒人《ざんにん》之を間《そし》れり」と記している。銘文の「美人《びじん》」は、美しい女性のことではなく、屈原の主君懐王《かいおう》（西紀前三二八～前二九六在位）を指し、「九章、思美人《しびじん》」に、「美人を思い、涕《なみだ》を擥《ぬぐ》って竚眙《ちょち》（たたずんで見ること）す」とあることや、「離騒」に、「美人の遅暮《ちぼ》（だんだん年取ること）を恐れて（よき人〈主君〉の老《ふ》けてゆくのを恐れて）」などと歌われている。

「美人」につづく「承《しょう》を兌《よろこ》ぶ可《べ》きを外にし」という銘文は、『楚辞』の「九章、哀郢《あいえい》」に、「承歓《しょうかん》の汋約《しゃくやく》を外にし、諶《まこと》に荏弱《じんじゃく》にして持《じ》し難《がた》し」とあるのにもとづいている。この詩句は、「おもねって主君の機嫌をとるものを遠ざけるも、主君は、まことに心が弱く耐えられない」という意味である。

『楚辞』にゆかる文にふれた人たち

前漢の清白鏡にみられる銘文が『楚辞』にゆかる文であることは、鏡銘を研究した中国・日本の学者によって早くから指摘されていた。

三雲南小路遺跡から前記の清白鏡とともに出土し、現存していない重圏双銘帯《じゅうけんそうめいたい》の清白鏡の模写図によって、その内圏《ないけん》の銘文をみてみると、それには、「内は清質《せいしつ》にして以て昭明なり。光輝《こうき》は夫《か》の日月《じつげつ》に象《に》る。心は忽ち揚《あが》りて忠を願えども、然るに壅塞《ようそく》して泄《とお》らず」とある。

この銘文も『楚辞』の詩句をふまえたところが多い。すなわち「内は清質にして以て昭明なり」という銘文は、『楚辞』の宋玉《そうぎょく》作の「九弁」にみえる「彼の日月の昭明なる」がふまえられている。銘文の「清質」は、「月の光」のことであり、また「すぐれた性質」を意味している。つまり「清質」は「九弁」の「日月」に相当し、かつ屈原のすぐれた資質をも指している。

また銘文の「光輝《こうき》は夫《か》の日月に象《に》る」は、屈原作の「九歌、雲中君《うんちゅうくん》」、および「九章、渉江《しょうこう》」にみられる「日月と光を斉《ひと》しくす」にもとづいている。『史記』屈原伝に、「日月と光を争《きそ》うと雖も可なり」も、右の詩句にかかわっている。さらに「心は忽ち揚《あが》りて忠を願えども、然るに壅塞《ようそく》して泄《とお》らず」という銘文は、宋玉作の「九弁」に、「而《すなわ》ち忠を願えども、或《あ》ひと黮点《たんてん》して（汚して）、之を汙《はずかし》む」、「忠を願えども、其の焉《いずく》にか得ん」、「紛《さか》んに忳忳《とんとん》として（憂えて）忠を願えども、妬《ねた》み離《そむ》かれて之を障《ふさ》ぐ」などとあるのに相当し、また銘文の「壅塞《ようそく》して泄《とお》らず」は、「九弁」の「路《みち》は壅絶《ようぜつ》して通《とお》らず」、および『楚辞』の厳忌《げんき》作「哀時命《あいじめい》」の「志は沈抑《しんよく》して（ふさがれて）揚《あが》らず、道は壅塞して通らず」にかかわっている。

屈原を「神仙」とみなす

このように前漢の鏡銘に『楚辞』にもとづく屈原の悲しみの心情の文章が書きこまれたのは、単に屈原の心のうちの思いをながく伝えようとしたというよりも、屈原を「神仙」として認識していたことにもとづくものであったと考えられる。

現に、『楚辞』には、神仙思想による表現が多く記されている。すなわち「九章、渉江」には、「崑崙《こんろん》に登りて玉英《ぎょくえい》を食《く》らい」とあり、「離騒《りそう》」には、「朝《あした》に蒼梧《そうご》（舜《しゅん》が崩じたと伝えられている地、広西省蒼梧県）を発軔《はつじん》し（出発し）、夕《ゆうべ》には崑崙《こんろん》の県圃《けんぽ》（崑崙山の山頂の神仙が住む所）に至る」とみえ、また「邅《めぐ》りて吾夫《われか》の崑崙《こんろん》に道すれば、路脩遠《みちしゅうえん》（道のりの遠いこと）にして以て周流《しゅうりゅう》（経《へ》めぐること）す」とある。

さらに「天問《てんもん》」には、「崑崙の県圃《けんぽ》、其の尻《そこ》（場所）は安《いずこ》にか在《あ》る」とあり、また「九章、悲回風《ひかいふう》」には、「崑崙に馮《のぼ》って以て霧《きり》を潄《す》まし、岐山《びんざん》（岷山《びんざん》、四川省松潘県の東南にある山、長江の源流が発する所、「岷山丹」という仙薬〈不老不死の薬〉があるので、岐山も神仙の住む霊山とみられていたのであろう）に隠《よ》って以て江を清《す》ます」とみえる。なお崑崙山の名はでていないが、『楚辞』の「遠遊《えんゆう》」に、「飛泉《ひせん》の微液《びえき》（妙《たえ》なる水）を吸《の》み、琬琰《えんえん》の華英《かえい》

（光り輝く美しい玉）を懐《いだ》く」とあるのは、その山でのことを歌っている。すなわち「飛泉」は、崑崙山の西南にある飛谷《ひこく》であって、この詩句は、前掲「九章、渉江」の「崑崙に登りて玉英を食《く》らい」に通じるものである。

こうした詩句によって屈原を「神仙」とみなす意識が生じ、前漢の鏡に『楚辞』を典拠とする銘文が刻まれたのである。それはあきらかに神仙思想にもとづくものであった。鏡銘に神仙思想による文をもりこむようになるのは、これがその端緒となって、前漢の末期には、「太山《たいざん》に上《のぼ》り神人《しんじん》と見《まみ》え、玉英を食《く》らい澧泉《れいせん》を飲み……」という銘文がひろく鏡に刻まれることになる。

井原鑓溝遺跡から出土した前漢末の鏡

伊都国の故地にあるもうひとつの著名な井原鑓溝《いはらやりみぞ》遺跡（前原市大字井原字鑓溝）は、弥生時代後期前半に属する遺跡である。近世の天明年間（一七八一～八九）に、この遺跡から出土した前漢末期の鏡の破片の拓影には、「……玉央（＝英）飲澧泉《れいせん》……保子孫……」と鏡銘を接続できるものが出土していたことが知られている。この銘文は、「太山に上《のぼ》り神人《しんじん》に見《まみ》え、玉央《ぎよくえい》（＝英）を食《く》らい澧泉《れいせん》を飲み、……子孫を保んじるに宜《よろ》しからん」などとあったことが、他の類似の鏡銘から察せられる。このように神仙思想による銘文を有する前漢末期の鏡も、伊都国にもたらされていたのである。

伊都国の王者、もしくは王者の周辺にいて鏡を手にした人びとのなかには、鏡の文様や銘文に好奇の目を円《まる》くして、それがなにを意味するのか、訊ねたものがいたにちがいない。すでに楽浪郡に使者となって前漢鏡を入手した人たちのなかにも銘文に好奇の目をむけたものがいて、現地でそれが文字というものであること、屈原などの『楚辞』の詩句に由来があること、不老長寿を願う神仙思想による句であることなどを聞き知り、それが伊都国で鏡を手にした人たちに伝えられたであろう。

爾支・泄謨觚・柄渠觚

伊都国の官名である爾支・泄謨觚、柄渠觚について、どのように解釈すべきか、いずれも不詳。古く爾支を「ニキ」と読んで、これを『隋書』倭国伝、『北史』俀（倭）国伝にあげてある官名に、「伊尼翼」があり、「翼」は、「冀」の誤りとして、これを「イネキ」と訓み、すなわち稲置《いなき》とする説によって、爾支、すなわち「ニキ」も同語の転訛とみなす説があった。また爾支を「ニシ」と読み、すなわち「主《ぬし》」の音訳と解し、伊都県主を指すものとする論もあった。さらに『日本書紀』景行天皇十二年十月条にみえる「直入県《なおりのあがた》の禰疑野《ねぎの》」という地名との関連が推察されるとの指摘もある。なお『三国史記』新羅本紀に「尼師今《にしきん》」、『三国遺事』王暦に「尼叱今《にしきん》」、および『広開土王碑文』に「新羅の寐錦《むきん》」、新羅の鳳巌寺の『智証大師寂照塔碑文』に「寐錦」、『日本書紀』神功皇后摂政前紀（仲哀天皇九年十月辛丑条）に「新羅の王波沙寐《はさむ》錦《きん》」などとある「尼師今（尼叱今）」「寐錦」が、伊都国の官「爾支」と語源を同じくする語ではないかとする説がある。「尼師今」「寐錦」は同語で、王を意味する称号と考えられている。また爾支は、『史記』および『漢書』の朝鮮伝にみえる「尼谿《にけい》の相の参《さん》」の「尼谿」と関係があるとみなす説があり、この「尼谿」と『魏志』韓伝に裴松之《はいしようし》が引載している『魏略』に「朝鮮の相の歴谿卿《れきけいけい》」とある「歴谿」は、「尼谿」の異体表記で、両者は同一の語であるともいわれている。

泄謨觚は、「シマコ」、すなわち「島子」と読み、柄渠觚は、「ヒココ」、すなわち「彦子」ではないかとする説がある。また泄謨觚を「イモコ」と読み、「妹子」と解する説があるが、いずれも、こじつけの趣が強い。『魏略』逸文は、泄謨觚を「洩渓觚」に作っている。

千余戸有り　『魏略』逸文には、「東南五百里にして、伊都国に到る。戸は万余にして」とあって、戸数を「万余」とする。伊都国は、「世々《よよ》王有り」とし、「郡使の往来、常に駐《とど》まる所」とあるように、倭人の国ぐにのうちでは重要な国であるとみられるにしては、「千余戸」では、戸数が少ない。『魏略』逸文に「戸は万余」とあるのが正しい伝えで、倭人伝の「千余戸」は、「万余戸」の誤写であろう。

女王国　ここが倭人伝における「女王国」の語の初出。女王卑弥呼が都としていた邪馬台国のこと。「女王国」について倭人伝には、この箇所のほか、「女王国自《よ》り以北、其の戸数、道里は略《ほぼ》載することを得可《うべ》きも」、「郡自《よ》り女王国に至るまで万二千余里なり」、「女王国自《よ》り以北には、特に一大率《いちたいすい》を置き、諸国を検察せしめ」、「女王国の東、海を渡りて千余里、復《また》国有り」とあるように、四つの箇所にみえる。ここでの箇所は、伊都国の官と戸数を記し、また帯方郡の使者の往来にあたって、つねに駐《とど》まるところであるという記事のあいだにはさまって、「世々王有り。皆《みな》、女王国に統属す」とあるからには、だいだい王がいて、王がみな女王国に統属していたのは、伊都国の王が、女王国に服属してきたことを物語っていることになる。他方、「世々王有り」の部分を伊都国の世襲的な王のことと解されているが、この文につづく「皆、女王国に統属す」は、各国の王のすべてが女王国に統属していたと、とらえる指摘もある。

奴国　『日本書紀』仲哀天皇八年正月己亥条に「儺県《なのあがた》」、神功皇后摂政前紀（仲哀天皇九年四月甲辰条）に「儺河《なのかわ》」、宣化天皇元年五月辛丑朔条に「那津《なのつ》」

とみえる地。現在の福岡県春日市をふくみ、今の福岡市博多《はかた》区・東区を中心とする一帯の地方。

奴国の後漢への遣使について、『後漢書』光武帝紀、中元二年正月辛未の条には、「東夷の倭の奴国王、使を遣わして奉献す」とある。この記事に対応するものに同書倭伝の「建武中元二年、倭の奴国、奉貢朝賀す。使人自《みずか》ら大夫《たいふ》と称す。倭国の極南界なり。光武賜うに印綬を以てす」がある。

後漢の建武中元二年は、西暦五七年。「使人自ら大夫と称す」という文は、倭人伝の後文に「其の使中国に詣《いた》るや、皆《みな》自《みずか》ら大夫と称す」とあるのに類する。倭の奴国を「倭国の極南界なり」とするのは、倭人伝の記述のなかで「斯馬国《しまこく》」から「奴国《なこく》」まで二一ヵ国をあげ、「此れ女王の境界の尽くる所なり」とある「奴国」の位置によった表現とするのが通説となっている。

倭伝の「光武賜うに印綬を以てす」の「光武」は、後漢の第一代皇帝（在位二五〜五七）。光武帝紀は、「世祖光武皇帝、諱は秀、字は叔。南陽蔡陽の人。高祖九世の孫なり。景帝自《よ》り出《い》ず」と書き起こしている。「印綬」は、印章と組《くみ》ひも。光武皇帝より賜わった綬は、『翰苑』倭国の条に、「中元の際に、紫綬の栄を賜う」とあることによって「紫綬」

であったことがわかる。「紫綬」は、紫色の組ひもで、『後漢書』和帝紀、永元十二年十一月の条に、「西域の蒙奇《もうき》、兜勒《とうろく》の二国、使を遣わして内附す。其の王に金印紫綬を賜う」とあるように、それにともなう印は、金印であった。

天明四年（一七八四）に志賀島（福岡市東区志賀島）で発見された「漢の委《わ》の奴《な》の国王」という文字が刻まれた金印は、建武中元二年（五七）に倭の奴の国王が光武皇帝から賜わったものである可能性がたかい。

奴国の中心地であったと考えられている地に存在している須玖岡本《すくおかもと》遺跡（福岡県春日市岡本五丁目を中心とする一帯）には、奴国の王墓とみられる甕棺墓《かめかんぼ》を中央に多数の甕棺墓が集中している。鏡についていえば、この遺跡から三〇面前後の前漢時代の鏡が出土しており、前掲した三雲南小路遺跡の甕棺墓から出土した前漢の清白鏡、すなわち「絜《きよ》く清白《せいはく》にして君に事《つか》えしも」にはじまる銘文を刻んだものと同じ鏡が出土している。また「日に憙《よろこ》び有り、月に富内《とみい》る。……憂《うれ》い思うこと（勿《なか》れ）。楽《たの》しみ未《いま》だ央《つ》きず」と読める波紋方格《はもんほうかく》規矩《きく》鏡（日有喜鏡）と、「日の光を見れば、長《とこ》しえに相忘るること毋《なか》らん」という銘文があったとみとめられる連弧文銘帯鏡《れんこもんめいたいきょう》（日光鏡）なども出土し、楽浪郡を通じての漢文化の流入のさかんであったことを物語っている。対馬国から奴国につづく不彌国までの戸数のうちで、奴国の「二万余戸」という戸数は、他を圧しており、この国が栄えていたことをしめしている。

兕馬觚と卑奴母離

「兕馬觚」は、「シマコ」と読み、「島子」の意味と解され、伊都国の副官の名「泄謨觚」と同様のものといわれている。しかし、対馬国、一支国、不彌国に共通する副官の「卑奴母離」が、奴国でも「卑奴母離」と表記されているのに、伊都国の副官「泄謨觚」にひきつづいて記されている奴国の大官「兕馬觚」が、異なる表音漢字で書きあらわされていることによって、「泄謨觚」と「兕馬觚」の両者が同義の官名と解するわけにはいかない。

不彌国

「不彌国」は、『古事記』仲哀天皇段に、「筑紫国に渡りまして、其の御子は阿礼《あれ》坐しつ。故《かれ》、其の御子の生《あ》れましし地《ところ》を号《なづ》けて宇美《うみ》と謂《い》う」とあり、また『日本書紀』神功皇后摂政前紀（仲哀天皇九年十二月辛亥条）に、「誉田天皇《ほむたのすめらみこと》を筑紫に生《あ》れたまう。故《かれ》、時人《ときのひと》、其の産処《みうみのところ》を号《なづ》けて宇瀰《うみ》と曰《い》う」とみえる「宇美」「宇瀰」の地（福岡県糟屋郡宇美町）とする説が古くからある。また大宰府附近、あるいは福岡県宗《むな》像《かた》郡の津屋崎《つやざき》町、福間《ふくま》町あたりに不彌国を比定する見解もある。

しかし、もっとも可能性の高い不彌国の地は、『日本書紀』安閑天皇二年五月甲寅条にみえる「筑紫《つくし》の穂波屯倉《ほなみのみやけ》」の一帯である。この地は、『延喜式』民部式、『倭名類聚抄』などに穂浪《ほなみ》郡とみえ、現在、福岡県飯塚市をふくむ嘉穂郡穂波町を中心とする地方である。

飯塚市立岩《たていわ》には、弥生時代中期の立岩遺跡があって、甕棺からはいくつかの前漢鏡が発見されている。それらには、「久しく相見《まみ》えざれども、長《とこ》しえに相忘るること毋《なか》らん」という銘文のある重圏文鏡や、伊都国の王墓とみなされている三雲南小路遺跡から出土した重圏双銘帯の清白鏡の内圏銘に相当するものが外圏銘として、「内は清質にして以て昭明なり。光輝《こうき》は夫《か》の日月《じつげつ》に象《に》て、心は忽ち揚《あが》りて忠を願えども、然るに壅塞《ようそく》して泄《とお》らず」とある重圏文鏡（この鏡の内圏には渦文がほどこされていて、銘文はない）がある。「内は清質にして以て昭明なり」云々の銘文は、すでに述べたように『楚辞』の詩句をふまえている。

また「久しく相見《まみ》えざれども、長《とこ》しえに相忘るること毋《なか》らん」の銘文は、福岡市の吉武樋渡《ひわたし》遺跡（福岡市西区吉武）の弥生時代中期後半の墳丘墓から出土した前漢時代の重圏銘帯鏡の銘文である「日の光を見れば、久しく相見《まみ》えざれども、長《とこ》しえに相忘るること毋《なか》らん」と同類のものであり、これらの銘文は、三雲南小路遺跡出土の前漢の清白鏡の銘文にみられる「疏《そ》（＝疎）にして日に忘らるるを恐る。……永《とこ》しえに思いて紀《た》（＝絶）ゆること無《なか》らん」に通じ、これまた『楚辞』に端を発する文辞である。

官名の多模

「多模」は、「タマ」と訓み、櫛𤭖玉命《くしみかたまのみこと》、櫛明玉命《くしあかるたまのみこと》、倉稲魂命《くらいなたまのみこと》など、神名に多くみられる「玉」「魂」にあたるとし、「多模」は、「上」「貴」の義であって、地方君長の尊称と解することができるとする説がある。

他方、「多模」を「トモ」と訓み、「伴造《とものみやつこ》」の略称であろうとみなす説もある。「玉」「魂」は、神名の美称であり、「伴造」は、後世の用語であるから、これらの旧説は、ともに信憑性《しんぴょう》にかける。

投馬国と邪馬台国

帯方郡から不彌国に至るまでの距離をしめすのに、一貫して「七千余里」「千余里」「百里」などと里数でとおしてきた倭人伝は、不彌国につづいてでてくる投馬国と邪馬台国までの行程について、投馬国に至るには、「水行二十日」、また邪馬台国に至るには、「水行十日、陸行一月」というように、だしぬけに里数で距離をあらわすのを捨ててしまい、「水行」「陸行」などと表記の仕方を変えてしまう。どうして、ここで里数表記をやめ、日数表記に変わってしまうのか、ともかく原文の記事をみることにしよう。

南して投馬国に至る水行二十日。官を彌彌《みみ》と曰い、副を彌彌那利《みみなり》と曰う。五万余戸可《ばか》り。南して邪馬臺国に至る。女王の都する所なり。水行十日、陸行一月。官に伊支馬有り、次を彌馬升と曰い、次を彌馬獲支と曰い、次を奴佳鞮と曰う。七万余戸可《ばか》り。

投馬国

「投馬国」は、上記の国ぐにとは、大きく相違して、その国が、どこにあたるのかについて、安定した比定がなされていない。それは問題の「邪馬台国」がどこにあったのかという比定地論争に深くかかわっていることによる。

邪馬台国九州説の立場にある論者は、「投馬国」を、現在の宮崎県西都《さいと》市妻・妻町（旧宮崎県児湯郡妻）に所在する『続日本後紀』承和四年八月壬辰朔条にみえる日向国子湯郡の妻神、『三代実録』天安二年十月二十二日己酉条に記されている日向国の都万神、および『延喜式』神名下、日向国児湯郡条にあげられている都万《つま》神社の鎮座地に比定した。また「投馬国」が南部九州に所在したとする説には、「投馬国」を「設馬国」の誤写とみなして、薩摩《さつま》国とするものがある。

さらに『筑後国風土記』逸文に、「上妻県《かみつまのあがた》」、『延喜式』民部上、西海道筑後国条に、「上妻」「下妻」、『和名類聚抄』筑後国条に、「上妻郡」「下妻郡」などとみえる地が、「投馬国」であるとする説がある。「上妻」「下妻」の地は、『日本書紀』景行天皇十八年七月丁酉条に、「八女県《やめのあがた》」「八女国《やめのくに》」とみえ、また持統天皇四年九月丁酉条、および同年十月乙丑条に、「筑紫国の上陽咩郡《かみつやめのこおり》」「筑後国の上陽咩郡《(ママ)》」とある「八女」「上陽咩」と同地である。したがって「上妻県」を「かみつやめのあがた」と読まれている。この地は現在の福岡県八女市、八女郡、および筑後市の北半部一帯。「つま」より「やめ」の方が古い呼称のようであるから、「投馬国」を「妻」の地に比定するのは疑わしい。

大和説に立つ論者は、「投馬国」を『倭名類聚抄』周防国条にみえる佐波郡玉祖郷《たまのおや》の地にあてる説、備後国沼隈郡《ぬまくま》の鞆《とも》の津（広島県福山市鞆町）あたりとする説、あるいは出雲《いずも》国（島根県）とみなす説を提唱している。いずれも確定的な説とはなっていない。

水行二十日

水行は前述したように、「渡海」とは違い、陸地の沿岸にそって航行することを示す。前段の「不彌国」に至るまでの行程が里程でしめされているのに対し、「投馬国」、および「邪馬台国」までの距離が日数で記載されているのは、倭人伝が根拠とした史料が異なるためであったとする説が妥当のようである。

「水行二十日」は、邪馬台国九州説にしても、はたまた邪馬台国大和説にしても、正確な距離を算定して、「投馬国」が、どこかを決定するにはいたっていない。

彌彌と副の彌彌那利

官名の「彌彌《みみ》」は、天忍穂耳《あまのおしほみみ》、手研耳《たぎしみみ》、神八井耳《かむやいみみ》、神渟名川耳《かむぬなかわみみ》などの「耳」――『古事記』は、手研耳《たぎしみみ》を当《た》（多）芸志美美《ぎしみみ》に作り、「耳」を「美美」とする――と同じものとする説があり、神名、人名の「耳（美美）」は尊称であるとする。

『日本書紀』景行天皇十二年九月戊辰条にみえる「耳垂《みみたり》」、『肥前国風土記』松浦《まつら》郡値嘉《ちか》郷条にみえる「大耳《おおみみ》」「垂耳《たりみみ》」という人名、『延喜式』兵部省、諸国駅伝馬条の駅に「美《み》弥《み》」という地名は、ともに倭人伝の「彌彌」「彌彌那利」と同一の言葉の異なった表現であって、その背後にある時代に実在した土豪の名称という来歴をになっているとする説もある。他に「彌彌」は「御身《みみ》」の意味であって尊貴の地位、もしくはその美称とみなす説もあったが、いずれも定説とは、ほど遠い。

五万余戸ばかり

「投馬国」の戸数は、「邪馬台国」の戸数である「七万余戸可《ばか》り」についで、きわめて多い。したがって「投馬国」は、「不彌国」までの国ぐにとは違って、かなり大きな国であったと思われる。なお「投馬国」より前に記載されている国ぐにの戸数については、「対馬国」が「千余戸有り」、「一支国」が「三千許《ばか》りの家有り」、「末盧国」が「四千余戸有り」、「伊都国」が「千余戸有り」、「奴国」が「二万余戸有り」、「不彌国」が「千余家有り」とあって、「有……戸（家）」という表記法をとっているのに対し、「投馬国」と「邪馬台国」のところは、「可……戸」となっていて、ここでも里数と日数の表記の違いがあるのと同様に、「投馬国」以前と以後とのもちいた史料が異なっていたらしいことをしめしている。

邪馬臺国

「邪馬臺国」は、版本には「邪馬壹国」とあるが、「壹」は、「臺」の誤刻とみなしてよい。以下「邪馬台国」と記す。「邪馬壹国」とするのが正しいとする説は、十二世紀南宋の紹興本《しょうこうぼん》、および紹熙本《しょうきぼん》の倭人伝をはじめ、それ以降の倭人伝の諸本のすべてが「邪馬壹国」としているから、邪馬台（臺）国は、邪馬壹（壱）国であるとしなければならないと提唱した。

たしかに西晋の太康六年（二八五）ころに成立した『魏志』倭人伝で、現存しているもっとも古い版本である南宋の紹興本は、北宋の咸平《かんぺい》三年（一〇〇〇）に校訂が開始され、やがて版行された咸平刊本の流れに属しており、同じく南宋の紹熙本とともに邪馬台国のことを「邪馬壹国」と表記している。二つの南宋刊本が共通して「邪馬壹国」と書きあらわしていることは、北宋の咸平刊本がすでに「邪馬壹国」に作っていたことをしめしている。しかし、いまは失われている原本の倭人伝が成立して以降、十世紀の最末期から十一世紀の最初期にかけて作られた咸平刊本の出現まで、七〇〇年余りの歳月を閲《けみ》しているので、その長い年月のあいだに「邪馬臺国」の「臺」の字が「壹」の字に誤写、誤刻されることは、きわめて可能性がつよい。現に「臺」の字体には、「壼」「臺」のように、きわめて「壹」の字と紛らわしいものがある。

邪馬台国は、九州説にあっては、筑後国山門《やまと》郡（福岡県山門郡瀬高町）か肥後国菊池郡山門郷（熊本県菊池市）に比定するのが、その代表的な説である。そのほか豊前国宇佐郡山戸《やまと》（大分県宇佐市小向野・大塚・別府・樋田・山本・中原・拝田町一帯）など九州内の各地に比定する諸説があるが、いずれも信憑性に欠ける。

邪馬台国大和説は、のちの大和（大倭・倭）国（奈良県）とみなす説である。さらに奈良盆地・南山城・河内《かわち》・難波《なにわ》・和泉など広域の地に比定する畿内説がある。

七世紀前半に撰述された唐の魏徴《ぎちょう》（五八〇〜六四三）による『隋書』倭国伝に、「其の地勢は東高くして西下り、邪馬堆《やまと》に都す。則ち魏志の所謂《いわゆる》邪馬臺なる者なり」とある記述は、邪馬台国大和説に有利な所説である。なお倭人伝が「不彌国」以前の行程記事が、里数でしめされているのに対し、「投馬国」と「邪馬台国」とが日数で記されているのは、根拠とした史料の違いもさることながら、「不彌国」以前とは異なって、「投馬国」「邪馬台国」の両国が、北部九州から離れて、さらに遠方に所在していたことを暗にしめしていることを思わせる。

女王の都する所

「女王」は、後段にみえる卑弥呼《ひみこ》。邪馬台国が「女王の都する所」というのは、卑弥呼は、邪馬台国の女王ではなく、倭国の女王であって、邪馬台国は単に卑弥呼が都として居住している国なのであろうか。たしかに、倭人伝の下文に、「倭国乱れ、相《あい》攻伐すること歴年、乃ち一女子を共立して王と為す」とあるのによれば、卑弥呼は、倭国の王であったこと、あるいは、「親魏倭王」「倭国に至り、倭王に拝仮し」などとあることに注意する必要がある。なお、『後漢書』倭伝には、「其の大倭の王は、邪馬台国に居す」とある。

倭の女王の都する所が、邪馬台国であったのと同様に、三韓（馬韓、辰韓、弁辰）の王であった「辰王」も、馬韓の諸国のうちの月支《げっし》国を都としていた。『魏志』馬韓伝には、「辰王は、月支国に治す」とある。これに相当する『後漢書』韓伝の記事には、「目（月）支国に都す」とあるので、「治す」と「都す」とは、同義語であることが知られる。

事実、『漢書』高帝紀第一下、漢の高祖六年（前二〇一）十月の条に、「田肯《でんこう》、上《きみ》を賀して曰く、甚だ善し、陛下、韓信《かんしん》（楚の王）を得《え》、又《また》、秦中《しんちゅう》（関中のこと、今の陝西省《せんせいしょう》の地）

に治す」とある「治す」に、顔師古は、「治は、之を都すと謂《い》うなり」と注記している。「都す」にあたる「治す」の用例は、『史記』斉太公世家《せいたいこうせいか》第二に、「献公元年、尽《ことごと》く胡公《ここう》の子を逐《お》い、因《よ》って薄姑《はくこ》（今の山東省博興《はくこう》県）の都を徙《うつ》して、臨菑《りんし》（今の山東省臨淄《りんし》県）に治す」とあるのをあげることができる。

水行十日、陸行一月

邪馬台国へ至る日数記事の解釈には、邪馬台国まで「水行十日と陸行一月」、あわせて四〇日かかるとする説と、「水行すれば十日、陸行すれば一月」とする説とがある。今日、前の読み方をとるのは邪馬台国大和説論者に多く、後の説を主張するのは邪馬台国北部九州説論者に多い。ただし「水行すれば十日、陸行すれば一月」と最初に読み方を主張した論者は、邪馬台国大和説をとなえていた。

邪馬台国大和説論者に多い「水行十日と陸行一月」と解釈するうえで障害になるのは、「水行十日」したうえに、さらに「陸行一月」の行程を要するという点である。そこで「陸行一月」を「陸行一日」とあらためなければならなかった。

もともと「陸行一月」は「陸行一日」の誤りとする説を主張したのは、邪馬台国九州説をとなえた人たちであった。そして「其陸行一月とあるのを一日と改め読むことは諸説皆一致せり」と説き、大和説を強力に推しすすめた論者にしたがって、「陸行一日」とするのが邪馬台国大和説にとって都合のよいものと考えられるにいたったのである。だが「一月」を「一日」の誤りであると簡単には、きめられない。

官名の伊支馬・彌馬升など

邪馬台国の官名は、対馬国以下の諸国とちがって、もっとも多く四つの官の名称が記載されている。

伊支馬・彌馬升・彌馬獲支・奴佳鞮の四種の官名は、大和論者は地名・人名・名代名・部民名に、また九州論者は人名・地名に比定しているが、人名・地名などに擬するのは見当ちがいの感がつよい。

七万余戸ばかり

「七万余戸可《ばか》り」とする戸の数は、他の諸国に比して、邪馬台国がとびぬけて多い。「女王の都する所」であった邪馬台国は、その「七万余戸」という戸数が正確なものであったとは言えないが、諸国とはちがって、「都」としての機能を持った殷賑《いんしん》をきわめた「クニ」であったことをしめている。こうした多大の人口を擁する邪馬台国は、はたしてどこにあったのであろうか。

その余の旁国と狗奴国

二一の小国

邪馬台国の記述につづいて、倭人伝は、斯馬国《しまこく》以下、二一の遠い国ぐにの名前を列挙する。そして「男子を王」とする狗奴国《くなこく》のことに言及する。この国については、「女王に属せず」とし、「倭の女王卑弥呼」と「狗奴国の男王卑弥弓呼」とが対立し、「相《あい》攻撃」したことが、後段に記されている。ついで帯方郡より女王国に至るまで一万二〇〇〇余里の距離をあげている。

女王国自《よ》り以北、其の戸数、道里は略《ほぼ》載することを得可《うべ》きも、其の余《ほか》の旁国《ぼうこく》は遠く絶《へだ》たりて、詳《つまびら》かにすることを得可《うべ》からず。次に斯馬国《しまこく》有り、次に已百支国《いほきこく》有り、次に伊《い》邪国《やこく》有り、次に都支国《ときこく》有り、次に彌奴国《みなこく》有り、次に好古都国《こことこく》有り、次に不呼国《ふここく》有り、次に姐奴国《しゃなこく》有り、次に対蘇国《たいそこく》有り、次に蘇奴国《そなこく》有り、次に呼邑国《こゆうこく》有り、次に華奴蘇奴《かなそな》国《こく》有り、次に鬼国《きこく》有り、次に為吾国《いごこく》有り、次に鬼奴国《きなこく》有り、次に邪馬国《やまこく》有り、次に躬《きゅう》臣国《しんこく》有り、次に巴利国《はりこく》有り、次に支惟国《きいこく》有り、次に烏奴国《おなこく》有り、次に奴国《なこく》有り。此《こ》れ女王の境界の尽《つ》くる所《ところ》なり。其の南には狗奴国《くなこく》有り。男子を王と為《な》す。其の官には狗《く》古智卑狗《こちひく》有り。女王に属せず。郡自《よ》り女王国に至るまで万二千余里なり。

女王国自り以北

「女王国」については、前述したが、「女王国自《よ》り以北」の表現は、後文に、「女王国自り以北には、特に一大率《いちたいすい》を置き、諸国を検察せしめ」とある。「女王国自り以北」という表現は、邪馬台国の位置が対馬国から投馬国までの七カ国よりも南の方にあったという認識のもとに倭人伝が記述されていることを明確にしめしている。

旁国は遠く絶たりて

「旁国」は、普通には「隣国」「近隣の国」「近傍の国」などと解釈されている。『史記』大宛伝に、「安息は、……最も大国為《た》り。嬀水《ぎすい》に臨み、市の民有り。商賈《しょうこ》するに車及び馬を用《も》ってし、旁国或いは数千里に行く」とあり、『漢書』西域伝にも、「安息国は、……最も大国なり。嬀水《ぎすい》に臨み、商賈の車船、旁国に行く」とある。また『史記』大宛伝に、「(張《ちょう》)騫《けん》、因って副使を分け遣わし、大宛、康居、大月氏、大夏、安息、身毒、于窴《うてん》、扜罙《うび》及び諸《もろもろ》の旁国に使いせしむ」とある。この記事の前文には、「天子、以て然《しか》りと為《な》し、拝するに騫《けん》を中郎将と為して、三百人を将《ひき》い、馬各々《おのおの》二匹、牛、羊、万を以て数《かぞ》え、金、幣帛《へいはく》の直《あたい》数千巨万を齎《もた》らし、持節の副使を多くし、道に使いす可く、之を他の旁国に遣《つか》わ使《し》む」とある。これに対応する記事が、『漢書』張騫《ちょうけん》伝に、「天子、以て然《しか》りと為《な》し、騫を拝するに中郎将と為して、三百人を将《ひき》い、馬各々《おのおの》二匹、牛、羊、万を以て数え、金、幣帛《へいはく》の直《あたい》数千鉅万《きょまん》なるを齎《もた》らし、持節の副使を多くして、道に之を旁国に遣わすに便ならしむ可しと」とみえる。また『漢書』馮奉世《ふうほうせい》伝に、「都尉《とい》の宋将《そうしょう》言わく、莎車《さしゃ》(西域の国名)、旁国と共に漢が置く所の莎車王の万年《ばんねん》を攻め殺し、幷《あ》わせて漢の使者奚充国《けいじゅうこく》を殺す」とあり、さらに『南史』夷貊《いばく》伝上、扶南国伝に、「(范《はん》)蔓《ばん》は勇健にして権略《けんりゃく》有り。復《また》兵威を以て旁国を攻伐す。咸《みな》之に服す。自ら扶南大王と号す」とある文中の「旁国」は、いずれも「近隣の国」の意と解して支障がない。しかし、「近隣の国」、あるいは「隣国」といっても、『史記』大宛伝、『漢書』西域伝などにみえる「旁国」は、倭人伝の「旁国」が、「遠く絶《へだ》た」っているとあるように、境を接しているような国ぐにではない。

したがって倭人伝の「旁国」も、単に「近隣の国」といったような理解ではすまされない。「辺境の国」と解釈する説があるが、この解釈が妥当であろう。

斯馬国

斯馬国以下、二一ヵ国を、どこの地に比定するか、いまだに定説はない。邪馬台国九州説（以下、九州説とする）では、斯馬国を筑前国志摩郡にあてるのが通説にちかいが、これでは「女王国自り以北」の地になってしまい、倭人伝の記述にそぐわない。邪馬台国大和説（以下、大和説とする）では、志摩国にあてるものが多い。周防国木島郡に比定する説もある。

己百支国

この国の比定に諸家は困惑し、比定した説は、きわめて少ない。古くは筑前国下座《しもつくら》郡城辺《きへ》、近くは肥前国磐田杵《いわたき》を参考地にあげる。これらが九州説に立つものならば、大和説論者は、古くは磐城国《いわきのくに》、あるいは伊勢国石城、新しくは周防国熊毛郡石城《いわき》神社の地に比定する。大和説にあっては、たとえば華奴蘇奴国《かなそなこく》を遠江国磐田郡鹿苑神社に擬するように、往々にして神社名に国名をあてることがある。これは苦しい解釈ではあるまいか。

伊邪国

九州説では「伊邪国」を「いさこく」と訓《よ》んで、豊前国宇佐郡に比定する。いっぽう大和説では、志摩国答志郡伊雑宮《いぞう》（養老二年〈七一八〉四月三日付の平城宮出土木簡に志摩郡伊雑郷）、もしくは伊勢国度会郡伊蘇郷、あるいは伊予国をあげている。

都支国

宋の紹興本、紹熙本などの古版本以来、各種刊本のすべては、「都支国」に作っている。ただし宮内庁書陵部所蔵の宋槧本《ざんぽん》『三国志』の倭人伝は、「郡支国」に作る。「宋元本に従て郡支に作るべし」として、「都支国」を「郡支国」に改めた邪馬台国論争の端緒を開いた大和説の論者は、伊勢国度会郡棒原神社の所在地にあてた。この説は、「棒原」を「欅原」の誤記とし、これを「くぬき」と訓んで「郡支」と判断したものである。しかし、「棒原神社」の「棒原」は、「榛原（はりはら・はいはら）」の誤字としたほうがよく、「榛原」ならば古代の地名に多く、また氏族名ともなっている。したがって大和説論者の伊勢国度会郡棒原神社の所在地に「郡支国」をあてる根拠は失われてしまう。このほか大和説では、『先代旧事本紀』国造本紀にみえる「波久岐国造」の「はくきこく」にあてる論もあるが、「波（は）」の字音が邪魔になって信憑性に欠ける。

九州説では、筑前国遠賀郡洞《くき》をあげるが、これも「女王国自り以北」の範囲に入ってしまって、倭人伝の記述にそぐわなくなってしまう。
いままで、倭人伝の記述どおりに「都支国」として地名比定を行なった例はみられないが、大和説に立つとしたら但馬国二方郡刀伎郷、あるいは美濃国土岐郡土岐郷などが候補地としてあげられるであろう。

彌奴国　大和説では、美濃国、あるいは備前国御野が比定されている。いっぽう九州説では、肥前国三根郡、もしくは同国神埼郡三根郷の地にあてられている。

好古都国　大和説では、美濃国各務郡、方県郡、あるいは備前国和気郡香止《かかと》郷とする。九州説では、肥後国菊池郡にあてている。

不呼国　大和説では、美濃国池田郡伊福、もしくは同国不破郡、あるいは備前国邑《おお》久《く》郡の地に比定している。また九州説では、肥前国島原半島北岸の伊福村にあてている。大和、九州、両説ともに信憑性がない。

姐奴国　大和説では、近江国高島郡角野郷、周防国都濃郡にあてている。九州説では、日向国西諸県《にしもろかた》郡狭野《きぬ》、同国児湯郡都野郷、あるいは肥後国山本郡佐野郷などに比定している。

対蘇国　大和説では、近江国伊香郡遂（遠）佐郷に比定し、九州説では、肥前国養父郡鳥栖《とす》郷にあてる説が古くからある。また大和、九州両説には、土佐国に比定するものもある。

蘇奴国　大和説では、佐奈県《さなのあがた》（佐那那県《さななのあがた》、伊勢国多気郡佐那神社の鎮座地）、あるいは遠江国佐野郡に比定し、また讃岐《さぬき》国に擬する説もある。九州説にあっては、肥前国彼杵《そのき》郡、または肥後国山本郡佐野郷にあてている。

呼邑国　大和説では、伊勢国多気郡麻績《おうみ》郷、もしくは伊予国桑村《くわむら》郡にあてる。「呼邑」がどうして「麻績（麻續とも表記）」「桑村」になるのか、その根拠は両説ともに指摘されていない。
九州説では、日向国児邑《こゆ》郡（子湯県《こゆのあがた》）に比定している。「呼邑」と「児邑（子湯）」とは、たしかに音韻的に近い関係にある。

華奴蘇奴国　大和説にあっては、遠江国磐田郡鹿苑《かその》神社の地、あるいは武蔵国金鑽《かなさな》神社の地をあげ、また伊予国神野郡伊曾乃神社の鎮座地をあげている。さらに久奴須奴神社の名も関係があろうとの指摘がある。
九州説では、肥前国神崎郡の地に比定している。

鬼　国　「鬼」の音は、「キ」ではなく「クヰ」であるから、「桑」の訓にあてて、尾張国丹羽郡大桑郷か美濃国山県郡大桑郷に比定する大和説からの提案がある。また大和説では、紀伊国、あるいは安芸国かとする。

九州説では、古くは肥前国基肆《きい》郡、新しくは肥前国小城《おき》郡に比定されている。

為吾国　大和説では、三河国額田郡位賀郷、もしくは尾張国智多郡番賀郷にあて、また伊賀国、あるいは播磨国餝磨《しかま》郡英賀《あが》郷の地に比定する。

九州説にあっては、筑前国遠賀郡、筑後国生葉郡を比定の地としている。

鬼奴国　大和説では、伊勢国桑名郡桑名郷、あるいは讃岐国苅田《かりた》郡柞田《くぬた》郷にあてている。

九州説では、肥後国菊池郡城野《きの》郷に比定するものが多い。

邪馬国　大和説では、伊勢国員弁《いなべ》郡野摩《やま》（耶摩）郷、あるいは播磨国赤穂郡野磨《やま》郷の地に比定している。

他方、九州説では「邪馬」を「やめ」と訓み、八女県《やめのあがた》（八女国、筑後国上陽咩《かみつやめ》郡、のちの筑後国上妻郡・下妻郡）にあてる。

躬臣国　大和説にあっては、伊勢国多気郡櫛田《くした》郷、または越国、播磨国赤石（明石）郡櫛淵《くしふち》などの地に比定する。

九州説では、肥後国菊池郡、あるいは豊後国球珠《くす》郡の地にあてている。

巴利国　大和説では、尾張国、もしくは播磨国に比定する。九州説では、肥後国託摩郡波良《はら》郷にあてている。

支惟国　大和説では、紀伊国、あるいは吉備国にあて、九州説では、肥前国基肆《きい》郡に比定する。

烏奴国　大和説では、備後国安那郡とする説がつよく、また近江国滋賀郡小野村、もしくは越後国魚沼郡の地にあてる説もある。

九州説では、豊後国大野郡、あるいは筑前国御笠郡大野郷に比定している。

奴国　この「奴国」は、前出の伊都国の東南に位置するという奴国の重出したものとする説や、奴国の重出ではなく「奴」の字の上に記されていた字が脱落したものとする見解がある。

大和説では、陸奥国渟代、あるいは信濃国伊奈郡の地に比定し、また九州説では、肥後国八代郡大野村の地にあてている。

此れ女王の境界の尽くる所

右の「奴国」を「狗奴国」のこととする説があるが、「奴国」のことを記したあとに「此れ女王の境界の尽くる所なり」とあり、この文につづいて「其の南には狗奴国有り」と述べられているので、右の「奴国」を「狗奴国」とすることはできない。「奴国」は「女王の境界」内のクニであり、「狗奴国」は、「女王の境界」外のクニであることが明確だからである。

ここでの「女王」は、卑弥呼のことである。また「境界」は、その古い用例として『列子』周穆《しゅうぼく》王第三に、「西極の南隅に国有《あ》り。境界の接する所を知らず、古莽《こもう》の国と名づく」とあるのがあげられる。また鄭玄《ていげん》（一二七〜二〇〇）の『毛詩鄭箋《もうしていせん》』に、「召公（召《しょう》穆公《ぼくこう》）、叛戻《はんれい》の国有《あ》るがため、則ち往《ゆ》きて其の境界を正《ただ》し、其の分理（地理をわかつこと）を脩《おさ》む」とあり、さらに『後漢書』仲長統《ちゅうちょうとう》伝に、「当《まさ》に更に其の境界を制《さだ》め、遠くは二百里を過ぎざら使《し》むべし」とあるなどの用例がある。境界は、区域、境域の意であるが、国と国との境と解してもよく、ここでは「女王の領域」とみなしてよいであろう。

狗奴国

大和説では、毛野国、神武記の熊野村（神武紀の熊野神邑《くまののみわのむら》、熊野速玉神社の鎮座地）などにあてている。大和説にあっても、肥後国球磨郡、肥後国菊池郡城野郷などの地とする見解もある。肥後国菊池郡城野郷とする大和説論者は、狗奴国に冠せられている「其の南」の「其の」を奴国を指しているものという立場によっている。『魏略』逸文には、「女王の南には又《また》、狗奴国有り。男子を以て王と為す。其の官、拘《く》右智卑狗《こちひく》と曰う。女王に属せず」とあって、「其の南」を「女王の南」に作る。

九州説では、神代記にみえる熊曾国、景行紀にみえる熊県《くまのあがた》、熊襲国に比定する。熊県は、のちの肥後国球磨《くま》郡の地、熊曾（襲）国の「曾（襲）」は、景行紀に襲国《そのくに》としてみえ、のちの大隅国贈於《そお》郡の地である。

男子の王

後文に、「狗奴国の男王卑弥弓呼《ひみくこ》」とある。男王の卑弥弓呼については、あとで取りあげる。

官の狗古智卑狗

狗古智卑狗を、肥後国菊池郡の地名にかかわらせて、菊池彦とする説がつよい。また景行紀にみえる熊津彦《くまつひこ》に擬定する説もある。「卑狗」は、男子の人名の末尾につけられる「彦」「比古」に通じるが、官名である狗古智卑狗を、人名とむすびつけて説くのは、うたがわしい。

女王に属せず

後文に、「倭の女王卑弥呼、狗奴国の男王卑弥弓呼《ひみくこ》と素《もと》より和せず」とあって、女王卑弥呼と狗奴国の男王卑弥弓呼とが対立していたことを語っている。

「郡」は、帯方郡。この郡から女王国までの里数は、一万二千余里と明確にしめされている。『魏略』逸文には、「帯方自《よ》り女国に至るまで万二千余里なり」とある。

郡自り女王国に至るまで

倭人伝のはじめの部分に、帯方郡から狗邪韓国までの距離は七千余里、同国から対馬国までが一千余里、対馬国から一支国までも、同じく一千余里、同国から末盧国までも、同様に一千余里、末盧国から伊都国までは五百里、同国から奴国までが百里、そして奴国から不弥国までの距離が、同じく百里とあるから、合計して一万七百余里となる。

この総里数を、帯方郡から女王国までの距離一万二千余里から差し引くと、一千三百余里となる。対馬国、一支国、末盧国それぞれのあいだの距離は、一千余里とされているから、不弥国から女王国までの距離と、さほどのちがいはない。一千三百余里という里数ならば、女王国は、十分に九州内におさまってしまうのである。

他方、伊都国を起点として、不弥国へは百里、奴国へは百里、投馬国へは水行二十日、邪馬台国へは水行十日、陸行一月と、それぞれの国に到達すると解する説では、帯方郡から伊都国までの合計里数は、一万五百余里であり、これに一日の歩行による行程を五十里として、邪馬台国までの行程を「水行ならば十日、陸行ならば一月」と訓みとったうえで陸行一月の歩行行程一千五百里を加えればまさしく一万二千余里となり、倭人伝の記載とよく一致すると解されている。

倭人の習俗と生態

入れ墨と服飾の風俗

倭人伝は、「男子は大小と無く、皆《みな》、黥面文身す《げいめんぶんしん》」にはじまる倭人の風俗を、かなり詳しく記している。以下、黥面文身する倭人のくだりから見てみることにしよう。

黥面文身する倭人

男子は大小と無く、皆《みな》、黥面文身す。古自り以来《いにしえよこのかた》、其の使い《つか》の中国に詣《いた》るや、皆、自ら大夫《たいふ》と称す。夏后《かこう》の少康《しょうこう》の子、会稽《かいけい》に封《ほう》ぜられ、断髪文身、以て蛟龍《こうりよう》の害を避《さ》く。今《いま》、倭の水人、好《この》んで沈没して魚蛤《ぎょこう》を捕《と》らえ、文身するも亦《また》以て大魚水禽《すいきん》を厭《おさ》えんとしてなり。後《のち》に稍《ようや》く以て飾りと為す。諸国の文身は、各々《おのおの》異なり、或《ある》いは左に、或いは右に、或いは大に、或いは小に、尊卑差有り。其の道里を計るに、当《まさ》に会稽の東冶《とうや》の東に在《あ》るべし。

男子は大小と無く

「男子は大小と無く」を「男性は、大人《おとな》も子供もみな」と解釈するのが通説となっているが、「大小」を「大人と子供」、あるいは「黥面文身の大、小」とみなさないで、これを「身分の上下」と理解する指摘がある。

たしかに「大小」には、長幼の意味もあるけれども、また尊卑の別をさす場合もある。たとえば『史記』礼書に、「周《しゅう》衰《おとろ》え、礼廃《すた》れ、楽壊《がくやぶ》る。大小相踰《あいこ》え、管仲《かんちゅう》（斉《せい》の桓公《かんこう》の時代の名高い宰相、?～前六四五）の家、兼ねて三帰《さんき》（魯の公室の一族である孟孫、叔孫、季孫氏の三家の女を妻にしたこと）を備《そな》う」とある文中の「大小」が、「身分の上下」を意味していることは、間違いない。この『史記』の記事に対応する『漢書』礼楽志の記事に、「周室大いに壊《やぶ》れ、諸侯は恣《ほしいまま》に行ない、両観《りょうかん》（宮門の左右に設けてある楼閣。「両観」は、天子の制であり、諸侯は「一観」しか設けることができなかった）を設け、大路《たいろ》（「大輅《たいろ》」とも書き、天子の乗る車）に乗る。陪臣《ばいしん》の管仲、季氏《きし》（季孫氏のことで魯《ろ》の実力者）の属《やから》、三帰《さんき》し、雍《よう》を徹《てっ》し、八佾《はちいつ》、廷《にわ》に舞《ま》わす。制度は遂に壊れ、陵夷《りょうい》（次第に衰え行なわれなくなること）して反《かえ》らず。……以て富貴の耳目《じもく》を営乱し（富んで身分の高い人の耳目を惑わしみだし）、庶人《しょじん》は以て利を求む」とあるのをみれば、「大小」が、身分の上下をあらわす用語であることは一目瞭然《いちもくりょうぜん》である。

ちなみに『漢書』礼楽志の記事である「陪臣の管仲、季氏の属、三帰《さんき》し、雍《よう》を徹《てつ》し、八《はち》佾《いつ》、廷に舞わす」は、『論語』八佾《はちいつ》第三に、「八佾、庭《てい》に舞わす、是れをも忍ぶ可《べ》くんば、孰《いず》れをか忍ぶ可《べ》からざらん（天子の舞である八列の舞を〈季氏の〉廟の庭で舞わせている。そうした礼にはずれたことを非難しないで我慢すれば、どのようなことであっても辛抱できるであろう）」とあり、また「三家者《さんかしゃ》、雍を以て徹す（天子が大祖の廟を祭るさいにうたう雍〈『詩経』周頌《しゅうしょう》、臣工之什《しんこうのじゅう》の篇名〉の歌を、三家〈孟孫、叔孫、季孫の三家〉の廟の祭りにうたって供え物を下《さ》げて〈徹〉いた〈すなわち天子の礼を、三家がおかしていたことをいう〉）」とみえ、さらに「子の曰《のたま》わく、管仲の器《うつわ》は小なる哉《かな》。或るひとの曰《い》わく、管仲は倹なるか。曰《のたま》わく、管氏に三帰有り」云々とあるのにもとづいている。

また『後漢書』度尚《どしょう》伝に、「軍中に申令《しんれい》（命令を伝えること）し、恣《ほしいまま》に射猟を聴《ゆる》す。兵士喜悦し、大小皆《みな》、相与《あいとも》に、従《ほしいまま》に禽《とら》う」とある「大小」も兵士たちの身分の上下を表現した用例である。

『翰苑』所引の『魏略』逸文に、「其の俗、男子は皆《みな》、黥面文身《げいめんぶんしん》（『翰苑』写本の原文は、「黥而文」に作るけれども、書写の間に生じた誤記、誤脱とみなしてよい）す」とある。『後漢書』倭伝も、「男子は皆、黥面文身」に作る。『梁職貢図』倭国使のもとには、「□□□□黥面文身」とある。消えている四字分には、倭人伝の「男子は大小と無く、皆」、『魏略』逸文、および『後漢書』倭伝の「男子は皆」に相当する文があったであろう。

黥　面

「黥面」は、顔面に入れ墨すること。この入れ墨には、一般の風俗としてのものと、刑罰のためのものとがある。もちろんここでの「黥面」は、風俗としての入れ墨。『漢書』匈奴伝に、「漢は王烏《おううら》等をして匈奴を闚《うかが》わ使む。匈奴の法、漢の使い節《せつ》（使者のしるし）を去《はな》たず、墨を以て其の面《かお》に黥《いれずみ》せずんば、穹盧《きゅうろ》（匈奴が居住する天幕）に入るを得ず。王烏は北地の人にして、胡《えびす》（匈奴）の俗に習《なれ》り。其の節を去《はな》ち、黥面して盧に入る。単于《ぜんう》之を愛《いつく》しむ」とあるのは、風俗としての黥面である。

他方、刑罰のための黥面の用例は、『魏志』毛玠《もうかい》伝に、「後に玠《かい》を白《つ》げる者有《あ》り、出《いで》て黥面の反《かえ》る者に見《あ》う。其の妻子は没せられて官奴婢と為すと。玠、言《い》いて曰わく、天をして雨《あめふ》らざら使《し》むるは、蓋《けだ》し此れならんと。太祖大いに怒りて、玠を収《とら》え獄《ごく》に付《わた》す。大理《たいり》（司法官）の鍾繇《しょうよう》、玠を詰《なじ》って曰わく、古《いにしえ》の聖帝明王自《よ》り、罪は妻子に及ぶと。……漢律、罪人の妻子を没して奴婢と為し、黥面す。漢の法が行なう所の黥墨の刑は、古典に存せり」とみえる。

この毛玠伝の記事にみえる大理《たいり》の鍾繇《しょうよう》の毛玠への詰問《きつもん》のなかに「漢律、罪人の妻子を没して奴婢と為し、黥面す」とある漢律は、現存していない。しかし漢の文帝十三年（前一六七）に黥刑を廃して、髠鉗《こんかん》（髪を剃り、足枷《あしかせ》をはめる）の刑としたことが知られている。中国古代においては、周代以前から黥刑があったと伝えられ、漢代以降、改廃を繰りかえしながら、梁の武帝天監十四年（五一五）正月にいたって、劓刑《ぎけい》とともに廃止された。しかし、北朝である西魏では文帝大統十三年（五四七）二月、逃亡奴婢の黥刑を止める詔がだされているので、なお黥刑が存続していたことが知られる。

日本の古代に黥刑は存在していたのであろうか。『日本書紀』履中天皇元年四月丁酉条に、「阿曇連浜子《あずみのむらじはまこ》を召して、詔して曰わく、汝《いまし》、仲皇子《なかつみこ》と共に逆《さか》うることを謀りて、国家を傾《かたぶ》けんとす。罪、死に当れり。然るに大きなる恩《めぐみ》を垂《た》れたまいて、死《ころすつみ》を免《ゆる》して墨《ひたいきざむつみ》に科《おお》す、とのたまいて、即日《そのひ》に黥《めさききざ》む」とみえ、また雄略天皇十一年十月条に、「鳥官《とりのつかさ》の禽《とり》、菟田《うだ》の人の狗《いぬ》の為に囓《く》われて死ぬ。天皇瞋《いか》りて、面《おもて》を黥《きざ》みて鳥養部《とりかいべ》としたまう」とある黥刑の二つの記事は、中国の黥刑の影響を受け、五世紀代に実際に日本でも黥刑があったことを物語るものとする説がある。

しかし、『古事記』神武天皇段の「久米命《くめのみこと》の黥《さ》ける利目《とめ》」、安康天皇段の山代《やましろ》の猪甘《いかい》である「面黥《おもさ》ける老人《おきな》」、そして『日本書紀』履中天皇五年九月壬寅条の河内《かわち》の「飼部《うまかいべ》の黥《めさきのきず》」などの記事に注目してみると、顔面に入れ墨をしていたのは、久米命（配下の久米部）、猪甘（猪飼〈猪使〉部）、飼部（馬飼部）などであって、それらは黥刑を受けたと伝える阿曇連浜子（配下に阿曇部、海人《あま》、海部《あまべ》）や鳥養部などと、膳部《かしわでべ》的、軍事的、そして動物飼養的な性格の面で共通している。

したがって久米部や猪飼部、そして馬飼部などに性格が通有している阿曇部、海部や鳥養部は、もともと久米部などと同様に黥面していたと考えられる。そこで黥面の刑を負わせられた阿曇部や海部の統率者である阿曇連浜子や鳥養部にされた菟田の人をめぐる説話は、中国古代の黥面の刑という考え方から付会された話であって、もともと行なわれていた阿曇部や鳥養部の黥面風習の起源を、刑罰にかかわらせて語られたものであろう。

中国古代における黥面の刑

中国古代における黥刑は、劓刑《ぎけい》、剕刑《ひけい》、宮刑《きゅうけい》とともに総称されて肉刑《にっけい》と呼ばれている。劓刑は、鼻切り、剕刑は、足切り、宮刑は、生殖腺切り（女性は幽閉）という、まことに残忍な刑罰である。

宮刑といえば、誰しも、この刑に処せられたのち不朽の歴史書『史記』を著わした司馬遷（前一四五?～前九〇?）のことを想起するであろう。宮刑は、また宦官《かんがん》の供給源としての本命であったともみられている。

中国の歴史のなかで大きな意味をもち、古くは周の時代から新しくは二十世紀の前半にいたるまで四〇〇〇年におよぶ長い年月、政治世界の制度として存続してきた宦官の制は、東アジアにおいて、ひとり日本だけが無縁のものであった。

古代中国の諸制度の影響を強く受けた古代日本がなぜ宦官の制を受容しなかったのか。宦官をつくらなかった決定的条件は、日本の自然環境が島国であったからであるという説がある。島国であるという自然環境が宦官の制を受けいれなかったというのは、説明としてなりたちがたい。他方、日本人は、畜産民ではなく、したがって動物を去勢する知識を、ながいあいだ持ちあわせておらず、ひいては人間を去勢して宦官とする制度を受けいれることもなかったとする説もある。

また中国古代刑法の継受にあたって唐の五刑である笞《ち》、杖《じょう》、徒《ず》、流《る》、死《し》は取りいれたが、宦官の供給源であった宮刑は、そこには入っていない。宮刑は、隋の時代に廃止され、そのために日本では、ついに宮刑という刑罰は行なわれなかった。そこで当然、宦官も登場しなかったとも説かれている。

古代日本には肉刑なし

宮刑は、古代中国にあっては、古くからの刑罰の一つである。したがって隋以前、中国で宮刑が行なわれていた時代に、日本にそうした刑罰が伝わってきた可能性はあったのではないかという疑いは、当然生じる。

古代中国では、北朝の西魏が大統十三年（五四七）二月に、逃亡奴婢の黥刑を止めたことは前述したが、同時に宮刑も廃し、また北斉が天統五年（五六九）二月、宮刑を免じて官奴婢（官口）とし、そして隋の文帝の開皇初年に宮刑を廃止して以来、宮刑というむごたらしい刑罰は行なわれなくなったという。

しかし、古代日本における刑罰にかかわる伝承に宮刑のあった形跡は、まったくみとめることができない。宮刑のほか、劓刑が行なわれていた跡形《あとかた》もみられない。古代日本では、そもそも宮刑をはじめとする肉刑は、受容されなかったとみなしてよい。したがって肉刑のひとつである黥刑も、行なわれていなかったと断じてよかろう。

『古事記』安康天皇段にみえる山代の猪甘の「面黥ける老人」のことは、さきに記したが、この老人については、顕宗天皇段に後日譚がみえる。そこには、「御粮を奪いし猪甘の老人」が探しだされて、飛鳥河《あすかがわ》の河原で斬り殺されたとある。そして「皆《みな》、其の族《うがら》の膝の筋《すじ》を断《た》ちたまいき。是《こ》を以《も》ちて今に至るまで、其の子孫《うみのこ》、倭《やまと》に上《のぼ》る日、必ず自ら跛《あしなえ》くぞ」と刖刑《ひけい》に処した伝承が記されている。

刖刑を受けた山代の猪甘

刖刑は、刖刑《げっけい》とも称し、足切りの刑、すなわち膝蓋骨《しつがいこつ》（ひざの関節の前部にある皿《さら》の形をした骨）を切り取る刑罰のほか、足の筋を断ち切ることもあり、山代の猪甘の族が、「膝の筋を断ち」切られたのは、まさに刖刑（刖刑）そのものにほかならない。

だが、この伝承をもって古代日本に刖刑（刖刑）があったと速断してはならない。黥刑の伝承と同じように、猪甘（猪養部、猪使部）が朝廷に貢納物を持って参向するさいに、もしくは朝廷に上番するにあたって跛行する動作を行なう儀礼があったことにもとづき、山代の猪甘の族の処刑にかかわらせて、中国古代の肉刑のひとつである刖刑に類する話を仕立てあげたのであろう。

猪甘が、都に行くさいに跛行動作をするのは、もしかすると猪（豚）の飼育場から猪が逃げだすのを防ぐため、猪の脚の筋を切っておくことがあったことによるものとかかわるのかもしれない。

現に古代高句麗では、しばしば祭祀にもちいる豕《し》（ぶた、いのしし）が逃げだしたことが記録されている。なかでも『三国史記』高句麗本紀、瑠璃明《るりめい》王十九年八月条に、「郊豕《こうし》（天地を祭るのに犠牲にする豚、あるいは猪）逸《に》ぐ。王、託利《たくり》、斯卑《しひ》を使て之を追わしむ。長屋沢《ちょうおくたく》の中に至りて之を得る。刀を以て其の脚の筋を断つ」とあって、逃げだした「郊豕」を捕え、刀でその脚の筋を切ったという話は、飼育場では、豚や猪が逃走しないように、あらかじめ脚の筋を切っておく処置をほどこしておくことがあったことを連想させずにはおかない。

黥面の者は門を守り、跛者は囿を守る

『漢書』刑法志には、周の法として、「凡そ人を殺せる者は、諸《もろもろ》の市に踣《さら》し、墨《いれずみ》せられし者は、門を守ら使《し》め、劓《はなき》られし者は、関を守ら使《し》め、宮《きゅう》せられし者は、内（宮廷）を守ら使め、刖《あしき》られし者は、囿《ゆう》（垣をめぐらして鳥獣を飼う所）を守ら使め、完き者（欠けたところのない者）は、積《せき》（集積された物資）を守ら使む」とあるのは、注目に値する。

この『漢書』の記事は、『周礼《しゅらい》』秋官、掌戮《しょうりく》に記載されているものにもとづいている。『漢書』に注をつけた顔師古（五八一～六四五）は、「墨せられし者は、門を守ら使め」に、

「黥面の人は、禁衛《きんえい》（御所を守る兵士）を妨《さまた》げず」と注し、「劓られし者は、関を守ら使め」に、「其の貌《かおだち》、毀《こぼ》つを以て、故に之《これ》を遠ざく」と注し、また「宮せられし者は、内を守ら使め」には、「人道既《すで》に絶え、事《つか》うるに便なるなり」と意味深長な注をほどこし、そして「刖《あしき》られし者は、囿を守ら使め」に、「禽獣を駆御《くぎょ》するに、足無くも可なり」という注をつけている。

黥面の者に宮門を守衛させ、跛者《はしゃ》に「囿《ゆう》」、すなわち垣をめぐらした鳥獣を飼う場所を守らせたというのは、はなはだ示唆的である。黥面伝承と跛行伝説をかねあわせ持つ猪甘の伴造氏族は、宮城十二門号にその氏族名がつけられているように、歴《れっき》とした軍事氏族であり、宮門の護衛をも担当していた門部《かどべ》の一員であったからである。またその伴造氏族は、直接、猪の飼養をこととした猪甘（猪飼部、猪使部）を管掌下においていたからである。

軍事氏族管掌のもとにある部民に黥面伝承が集中しているのも、王城の禁衛に黥面した兵士があたったことと関係するのであろう。卑弥呼の「宮室」など「兵（武器）を持して守衛」した兵士たちも黥面していたにちがいない。

なお呉の兵士たちが、黥面文身していたことは、『文選』に収載されている左太沖《さたいちゅう》（二五〇?～三〇五?）の「呉都《ごと》の賦《ふ》」に、「題《ひたい》を雕《きざ》むるの士、身を鏤《ちりば》むるの卒、飾りは虬龍《きゅうりょう》に比《ひと》しく、蛟螭《こうち》と対《むか》う（額《ひたい》に入れ墨した兵士、身体に入れ墨した兵卒は、その飾りは、虬《みずち》にひとしく、蛟螭〈龍の子〉と立ち向う）」とあることによって知られる。ちなみに、「題《ひたい》を雕《きざ》む（雕題）」の古い用例には、『礼記』王制に、「南方を蛮と曰う、題《ひたい》を彫《きざ》み、趾《し》を交《まじ》え（額《ひたい》に入れ墨をし、両足の指を向かいあわせて歩く）」がある。

文身

身体に入れ墨をするのを「文身」という。「文身」の古い用例は、『礼記』王制に、「東方を夷と曰う。髪を被《こうむ》り、身に文《いれずみ》し」とみえ、「被髪文身」は、東夷の習俗とみられていた。漢の劉向《りゅうきょう》（前八二〜前六ころ）撰『説苑《ぜいえん》』巻第十二、奉使には、「外蕃に屏《しりぞ》いて、以て居と為し、蛟龍、又我《またわれ》と争う。是を以て髪を剪《そ》り、身に文し、爛然《らんぜん》（あざやかなさま）、章を成して、以て龍子《りゅうし》を像《かたど》る者は、将《まさ》に水神を避けんとするなり」とある。これは越《えつ》の諸発《しょはつ》の語ったものである。このあとにも、諸発は、「客、必ず髪を剪り、身に文すれば」云々と語っている。

『魏志』韓伝、馬韓の条には、「其の男子、時時《じじ》（常に）、身に文《いれずみ》すること有り」とあり、また弁辰の条には、「男女、倭に近く、亦《また》、身に文《いれずみ》す」とある。この記事にもとづいたと考えられる『後漢書』韓伝、馬韓の条には、「其の南界は、倭に近く、亦《また》、文身する者有り」と記され、また弁辰の条には、「其の国、倭に近く、故に頗《すこ》ぶる文身する者有り」とある。

古自り以来

『後漢書』倭伝には、「建武中元二年、倭の奴国、奉貢朝賀す。使人自ら大夫と称す」とあって、使者がみずから「大夫」と称していたことを、建武中元二年（五七）の倭の奴国の奉貢朝賀にかけて記している。中元二年は、後漢の光武帝朝の年紀。光武帝の時代にかけて、これにかかわる記事を載せているのは『隋書』倭国伝であって、それには、「漢の光武の時、使いを遣わして入朝し、自ら大夫と称す」とある。『晋書』倭人伝には、「又言う、上古より使い中国に詣《いた》るや、皆《みな》、自ら大夫と称す」とある。『魏志』倭人伝は、「古自り以来、其の使いの中国に詣るや、皆、自ら大夫と称す」をはさんで、その前に、「男子は大小と無く、皆、黥面文身す」の文があり、その後に、「夏后の少康の子、会稽に封ぜられ、断髪文身、以て蛟龍の害を避く」とあり、黥面や文身についての記事を分断するかたちで、中国への倭の使者が、みずから「大夫」と称していたという文が記されているので、訝《いぶか》しく思われるのは当然である。

そこで「大夫」と自称する倭の使者にかかわる記事も、黥面文身に関係するものであるとして、「倭人の男子は身体の入墨だけでなく顔にも入墨をしている。古くから中国へくる使いたちも、大夫と自称しているが顔と身体に入墨がある。（それは野蛮の風と思う人もあろうが）中国でも少康の子のように（越人地帯の）会稽へ赴任したら、土地の風習にしたがって断髪し身体に入墨をした例もある」というような意味あいをもった文章であると解釈できそうであるとの指摘がある。

さきにふれたように、倭人伝の「男子は大小と無く、皆、黥面文身す」という記事のなかの「大小」は、「大人と子供」のことではなく、ここでは「身分の上下」と解釈するのがよいとする立場にたてば、「大夫」と自称する中国への使者たちも、当然入れ墨をしていたと解釈するのは、けっして飛躍した考えではない。

自ら太伯の後と謂う

ただし『晋書』倭人伝には、前掲した「又言う、上古より使い中国に詣るや、皆、自ら大夫と称す」という記事の直ぐ前に、「男子、大小と无《な》く悉《ことごと》く黥面文身す」につづいて、「自ら太伯の後と謂《い》う」とあって、「太伯の後」と自称することと、「大夫」と自称する中国への使者とが関連していることをうかがわせる。現に『太平御覧』東夷三、倭の条に引用されている『魏志』には、「其の俗、男子は大小と無く、皆、黥面文身す。其の旧語を聞くに、自ら太伯の後と謂う。又云う、上古自《よ》り以来、其の使い中国に詣る」とある。

この『太平御覧』引載の『魏志』の記事は、通行本の『魏志』倭人伝の記事よりも古い形態を残したものとも考えられなくはない。通行本の倭人伝に、「其の旧語を聞くに、自ら太伯の後と謂う」という記載がないのは、なんらかの事情によって、ある時期に本文から逸脱したのであろうとも考えられるけれども、可能性としてつよいのは、倭人伝の撰者陳寿が、「太伯の後」ということは、荒唐無稽のことであるとし、『魏志』の本文には記載しなかったのを、梁代初めの『華林遍略』が編纂されたさいに、倭人伝の関係部分に『魏略』によって「太伯の後」という倭人の伝承記事を増補し、それが北斉の時代に編纂された『修文殿御覧』に引きつがれ、そして『太平御覧』に残存したのではないかと推定できるという説がある。だが、『華林遍略』、そしてそれを底本として成ったという『修文殿御覧』は、ともに現存しておらず、はたして「太伯の後」という記事をふくむ倭人の記載があったかどうかは、たしかめることができない。したがって、そうした梁代初めや北斉の編纂物の記事を『太平御覧』が受けついでいるのか、にわかには同意できないのではなかろうか。

『魏略』逸文にみえる「太伯の後」

問題の「其の旧語を聞くに、自ら太伯の後と謂う」という文は、『翰苑』に引用されている『魏略』逸文に、「其の旧語を聞くに、自ら太伯の後と謂う」とあるので、倭人が「自ら太伯の後」であると称していたのは、『魏略』の記事にまでさかのぼれる。

唐の杜佑《とゆう》（七三五〜八一二）が撰述した『通典《つてん》』の分注にも、「魏略に云う、倭人、自ら太伯の後と謂う」とある。ここに引用されている『魏略』の文には、「其の旧語を聞くに」という字句がなく、「倭人」という語句が入っている。『翰苑』に引載されている『魏略』の文の「其の旧語を聞くに」の下に、「倭人」にあたる語句が脱落している可能性が考えられなくはない。

『翰苑』の撰者である張楚金《ちょうそきん》が、『魏略』を引用するにあたって、すべて原文どおりに転載したとはいえない。ある場合には節略したこともあったのではないか。たとえば、「文身」にかかわる記事で、『翰苑』にみえる『魏略』逸文の「今《いま》、倭人亦《また》、文身し、以て水《すい》害《がい》（禽の誤写か）を厭《おさ》えんとするなり」という文章を、通行本の倭人伝に、「今、倭の水人、好《この》んで沈没して魚蛤《ぎょこう》を捕らえ、文身するも亦《また》以て大魚水禽《すいきん》を厭《おさ》えんとしてなり」とあるのと比べてみると、『魏略』のこの逸文は、原文を忠実に引用しているとは思われない。

現在、太宰府天満宮に所蔵され、「天下の孤本」といわれている平安初期に書写された『翰苑』は、書写のさいの誤写、脱字が、きわめて多くあるから、右の文章で、倭人伝が「倭の水人」に作るのを、『翰苑』の『魏略』逸文が「倭人」としているのは、『魏略』原文はもちろん、『翰苑』の原本には、「倭の水人」となっていたものを、『翰苑』の書写者が誤って「水」の字を脱落させてしまった例であると考えられる。「水害（禽）」の上に「大魚」の語句がないのも同様の例であろう。したがって、倭人伝の「倭の水人」の下に記されている「好んで沈没して魚蛤を捕らえ」という類似の文章が、『魏略』の原文にあったことは、十分に考えられるのではなかろうか。その部分を『翰苑』の撰者は、引用するにあたって節略したことは、『毛詩』『史記』『漢書』『後漢書』『三国志』などの引用部分の文章、語句の節略が、はなはだ多いといわれていることによっても推測することができる。

また倭人伝の「皆、黥面文身す」の文章につづく「古自《よ》り以来、其の使いの中国に詣るや、皆、自ら大夫と称す」という記事も、『魏略』の原本には、それに類する記載があったのではないかと類推できる。

大夫と自称する使者記事の位置

倭人伝研究のなかで「呉の太伯後裔説」を詳細に論じた研究者は、『翰苑』にみえる『魏略』逸文と『太平御覧』記事とをあわせ採って、『魏志』倭人伝の文を「男子は大小となく皆面を黥し身に文す。その旧語を聞くにみずから太伯の後という。古より以来、その使中国に詣るもの皆みずから大夫と称す。夏后少康の子会稽に封ぜらるるや、髪を断ち身に文して以て蛟龍の害を避く」云々と訂し、これによって文章は、なお一層緊密なものになると述べ、「其の旧語を聞くに、自ら太伯の後と謂う」の記事を倭人伝に補うならば、「倭人が面に黥し身に文する所以を討《たず》ぬるに、みずから呉の太伯の後という、むべなるかなこの殊俗あるや、というのが前との照応であり、その使中国に詣るものみなみずから大夫と称するも、また故なきにあらず、というのが後との連絡であることになる。前句の類似の来由を暗示し、後句の淵源を根拠づける。この十字（注―「聞其旧語、自謂太伯之後」の一〇字）を補うことによって、文章は一段と生彩を帯びるのである」と説いている。

この論者は、倭人伝の記事に『魏略』逸文などにみえる「其の旧語を聞くに、自ら太伯の後と謂う」という文を組み入れて、倭人伝の文章に脈《みゃく》絡《らく》をもたせ、記事に生彩を帯びさせたのは、すぐれた指摘である。たしかに通行本の倭人伝が、「黥面文身」のことを記し、そして出しぬけに、「古自り以来、其の使いの中国に詣るや、皆、自ら大夫と称す」と書くのは、どうも前後の文脈からみて、ふさわしくない。

ただし、「男子は大小となく皆面を黥し身に文す。その旧語を聞くにみずから太伯の後という。古より以来、その使中国に詣るもの皆みずから大夫と称す」と組みたて、「みずから呉の太伯の後」というのが、「男子は大小となく皆面を黥し身に文す」とある前文と照応し、また「その使中国に詣るもの皆みずから大夫と称す」とあるのが、「夏后少康の子会稽に封ぜらるるや、髪を断ち身に文して以て蛟龍の害を避く」という後文と連絡があるとするのは、疑わしい。

むしろ「黥面文身」につづく文は、「其の旧語を聞くに、自ら太伯の後と謂う」とある文章ではなく、「古自り以来、其の使いの中国に詣るや、皆、自ら大夫と称す」のほうこそ、「黥面文身」につづく文章として位置づけるべきであろう。

呉の太伯のこと

倭人伝の原本には、通行本とは違って「其の旧語を聞くに、自ら太伯の後と謂う」という文に類するものがあったことも考えられなくはない。しかし、それよりもどちらかといえば、『翰苑』の『魏略』逸文に節略の多い可能性があることを考慮に入れれば、『魏略』の原本にこそ、「古自り以来、其の使いの中国に詣るや、皆、自ら大夫と称す」という文章に類する記載が、「其の旧語を聞くに、自ら太伯の後と謂う」の前にあったとみなすべきであろう。

ここでの文脈は、「倭人がみな黥面文身をしており、古来、中国への使者は、みな、みずから大夫と称している。使者たちの古くから語られていることにしたがえば、みずから

『太伯』の後裔であるということである」というように読みとれる。呉の「太伯」の後裔であるということは、前文の「黥面文身」と「大夫」の両方にかけて述べていると解される。

呉の太伯については、『史記』周本紀に、「古公《ここう》（亶父《たんぽ》）に長子有り。太伯と曰う。次を虞仲《ぐちゅう》と曰う。太姜《たいきょう》、少子《しょうし》季歴《きれき》を生む。季歴、太任《たいじん》を娶《めと》る。皆《みな》、賢婦人《けんぷじん》なり。昌《しょう》を生み、聖瑞《せいずい》（聖人となる瑞兆）有り、古公曰《いわ》く、我が世に当《まさ》に興《おこ》る者有るべくんば、其れ昌に在らんかと。長子太伯、虞仲は、古公の季歴を立てて、以て昌に伝えんと欲するを知り、乃《すなわ》ち二人亡《に》げて、荊蛮《けいばん》（呉〈越《えつ》、楚《そ》〉の地）に如《ゆ》き、文身断髪して、以て季歴に譲る」とあり、また『史記』呉太伯世家《せいか》に、「呉の太伯、太伯の弟仲雍《ちゅうよう》は、皆《みな》、周の太王（古《こ》公亶《こうたん》父《ぽ》）の子にして、王季歴の兄なり。季歴賢《けん》にして、聖子昌《しょう》有り。太王、季歴を立てて、以て昌に及《つ》がしめんと欲す。是《ここ》に於て太伯、仲雍二人、乃《すなわ》ち荊蛮《けいばん》に犇《はし》り、文身断髪して、用《もち》う可《べ》からざるを示し、以て季歴を避く。……太伯の荊蛮に犇るや、自ら句呉と号す。荊蛮之を義として、従《したが》って之に帰するもの千余家。立てて呉の太伯と為す」とある。

周本紀の「断髪文身」には、唐の張守節《ちょうしゅせつ》の『史記正義』がしめす「応劭《おうしょう》曰く」の注、また呉太伯世家の「断髪文身」には、南朝宋の裴駰《はいいん》（裴松之《しょうし》〈三七二～四五一〉の子）の

『史記集解』が引用している「応劭曰く」の注、すなわち後漢の応劭の「常に水中に在《あ》り。故に其の髪を断ち、其の身に文して、以て龍子《りゅうし》を象《かたど》る。故に傷害に見《あ》わず」という見解を、ともに記している。

呉の「断髪文身」については、『春秋穀梁伝《しゅんじゅうこくりょうでん》』哀公十三年（前四八二）の条に、「呉は、夷狄《いてき》の国なり。髪を祝《た》ち、身に文す（「祝髪文身」）」とあり、その注に、「身に文するとは、其の身に刻画《こくが》し、以て文《いれずみ》と為すなり。必ず自ら残毀《ざんき》（傷つける）し、以て蛟龍の害を辟《さ》く」とある。また『春秋左氏伝』哀公七年（前四八八）の条には、呉の始祖である大伯（太伯）は、正式の衣冠を着て、周の礼を守ったが、弟である「仲雍《ちゅうよう》、之を嗣ぎ、髪を断ち、身に文し《いれずみ》（「断髪文身」）、贏《はだか》（裸体）を以て飾《かざ》りと為す。豈《あ》に礼ならん哉《や》」と記す。これによれば、「断髪文身」したのは、呉の太伯のあとを嗣いだ弟の仲雍であるという伝説があったことになる。

なお倭人を「呉の太伯の後」とする中国史書の記述には、『梁書』倭伝の「倭は、自ら太白《（ママ）》の後と云う。俗は皆、文身す」があり、また『翰苑』の「文身黥面して、猶、太伯の苗《すえ》と称す」がある。

大夫

「大夫」は、天子、諸侯がともに直属させている臣下の身分の一つ。卿《けい》の下位、士《し》の上位に位置する。『礼記』王制に、「天子は、三公《さんこう》、九卿《きゅうけい》、二十七大夫《たいふ》、八十一元士《げんし》あり。大国は三卿《さんけい》、皆《みな》、天子に命ぜらる。下大夫《かたいふ》五人、上士《じょうし》二十七人あり。次国《じこく》は三卿、二卿は天子に命ぜられ、一卿は其の君《きみ》に命ぜらる。下大夫五人、上士二十七人あり。小国《しょうこく》は二卿、皆《みな》、其の君に命ぜらる。下大夫五人、上士二十七人あり。天子、其の大夫を使《し》て、三監《さんかん》（三人の政治の監督）と為《な》し、方伯《ほうはく》（州ごとの諸侯の旗頭《はたがしら》）の国を監せしむ。国ごとに三人あり」とある。

『漢書』百官公卿表には、武帝の太初元年（前一〇四）に、郎中令《ろうちゅうれい》を光禄勲《こうろくくん》とあらため、その属官に「大夫」をあげている。そして、「大夫は、論議を掌る。太中大夫、中大夫、諫大夫《かんたいふ》有り。皆、員無し」と記す。

　大夫が諸侯の使者となって天子を聘問《へいもん》することは、『礼記』王制の「諸侯の天子に於けるや、比年《ひねん》（毎年）に一《ひと》たび小聘《しょうへい》し」という記事の注に、「小聘には、大夫を使《つか》わし」とあることによって知られる。「小聘」とは、毎年一度諸侯が、天子にたいして機嫌伺《うかが》いすることであるが、侯王にあたる倭の小国の王が、毎年ではないにせよ中国の天子を聘問するにさいして、「大夫」と称させて使者を遣わしたことは、十分ありえたことになる。

『魏略』逸文にも、「昔、夏后の小康の子、会稽に封ぜられ、断髪文身し、以て蛟龍の害を避く」とある。

夏后の少康の子

「夏后《かこう》」は、国号。『史記』夏本紀に、「禹《う》、是《ここ》に於て遂に天子の位に即《つ》き、南面して天下を朝せしむ。国号を夏后と曰う。姓《せい》は姒氏《じし》」とみえる。

少康は、初代の禹《う》から数えて六代目の天子。『史記』夏本紀に、「諸侯、皆、益を去りて啓《けい》に朝して曰く、吾が君は帝禹の子なりと。是に於て、啓遂に天子の位に即く。是《これ》を夏后帝啓と為す。……夏后帝啓崩ず。帝太康《たいこう》立つ。……太康崩ず。弟、中康《ちゅうこう》立つ。是を帝中康と為す。……中康崩ず。子、帝相《しょう》立つ。帝相崩ず。子、帝少康《しょうこう》立つ。帝少康崩ず。子、帝予《よ》立つ。帝予崩ず」とあって、少康、およびその子予まで歴代の天子の名があげられている。少康の子で七代目の天子となった予《よ》（宁《ちょ》にも作る）は、倭人伝に記されている「少康の子」とは、もちろん別人。つぎの項にみるように、この「子」は、少康の庶子《しょし》であった。後漢の趙曄《ちょうよう》が撰述した『呉越春秋』越王無余外伝に、「禹《う》の以下六世にして、帝の少康を得たり。少康、禹の祭の絶祀を恐れ、乃ち其の庶子を越《えつ》に封じ、号して無余《むよ》と曰う」とあるように、その名を無余といった。越王無余外伝は、「越の前君、無余は」で書きはじめられており、「無余」のもとに、「無余は、禹の六世の孫、少康の庶子なり。初めて封を越に受く」という注記がある。

会稽に封じ断髪文身す

少康の庶子が会稽に封ぜられ、断髪文身したことは、『史記』越王勾践世家《えつおうこうせんせいか》に、「越王勾践、其の先は、禹《う》の苗裔《びょうえい》にして、夏后帝少康の庶子なり。会稽に封ぜられ、以て禹の祀を奉守せしむ。文身断髪し、草萊《そうらい》（荒蕪地のこと）を披《ひら》いて邑す」とある。

『漢書』地理志、粤地《えっち》の条には、「其の君は、禹の後《のち》にして、帝少康の庶子と云う。会稽に封ぜられ、文身断髪し、以て蛟龍の害を避く」と記されている。なお『墨子』公孟篇には、「昔者《せきしゃ》（むかし）、越王句践、剪髪《せんぱつ》文身し（髪を剪《き》り、身に文《いれずみ》し）、以て其の君を治む」とあって、句践自身が剪髪文身したことを伝えている。『淮南子』斉俗訓にも、「越王句践は、鬋髪《せんぱつ》文身にして、皮弁搢笏《ひべんしんこつ》の服（鹿の皮の冠をかぶり、笏をさしはさむ礼服）、拘罷拒折《こうひくせつ》の容《よう》（出処進退にさいしてのきびきびしたかたち）無し」とある。剪（鬋《せん》）髪文身の用例は、ほかに『史記』趙世家《ちょうせいか》に、「夫《そ》れ翦髪《せんぱつ》文身し、錯臂左衽《さくひさじん》するは、甌越《おうえつ》の民なり」とある。漢の劉向《りゅうきょう》（前八二〜前六ころ）撰の『説苑』奉使にも、「蛟龍、又我と争う。是を以て髪を剪り、身に文し（「剪髪文身」）」とあることは、さきにふれたが、また劉向が編纂したと伝える『戦国策《せんごくさく》』趙策《ちょうさく》にも、「祝髪《しゅくはつ》文身し、錯臂左衽するは、甌越の民なり」と記されている。「祝髪文身（髪を祝《た》ち身に文す）」は、「剪（翦）髪文身」「断髪文身」に同じ。「祝髪文身」の用例は、前掲した『春秋穀梁伝』哀公十三年条にもみえる。「錯臂《さくひ》」について、『史記索隠』は、「錯臂も亦《また》、文身なり。丹青《たんせい》（赤と青の絵の具）を以て、其の臂《ひじ》に錯画《さくが》（入れ墨すること）するを謂う」と説く。また「翦髪文身」に関して、『史記正義』は、『粤地志』を引用して、「秦の時、西甌《せいおう》は、文身断髪し、龍を避くと曰う」と記す。

「蛟龍」について、『広雅』釈魚に、「鱗有るを蛟龍と曰う」とあって鱗のある龍のこと。また龍の一種であるみずち、あるいは龍そのもののこと。いずれも伝説的な動物。「蛟」は、「鮫《さめ》」のことともいう。

倭の水人

『晋書』倭人伝には、「昔《むかし》、夏の少康の子、会稽に封ぜられ、断髪文身し、以て蛟龍の害を避く」につづいて、「今《いま》、倭人好みて沈没して魚を取る」とある。「水人」は、海人《あま》（海士・海女）とするのが通説である。しかし、「水人」の意味として、「水に慣れた人」「泳ぎができる人」「水辺に住む人」などがあげられ、さらに『文選』西京賦に、「蟾蜍《せんじょ》、亀と与《とも》にし、水人、蛇《だ》（龍蛇のこと）を弄《もてあそ》ぶ」とあるのを、三国呉《ご》の人である薛綜《せっそう》は、「水人、俚児《りじ》は、能《よ》く禁固《きんこ》（とじこめること）して、蛇を弄ぶなり」と注しているのにもとづき、この「水人」を古代中国における南方の少数異民族のことと限定的な解釈を示している。

これらの意味によれば、「倭の水人」は、南方はともかくとして、ただちに海人（海士・海女）と解釈しないで、「水辺の人」、もしくは「海辺（海浜）の人」としてとらえるべきであろう。

ちなみに、「あま（海人・海士・海女）」に当てられている漢語の「海人」には、『南史』倭国伝の『又《また》、西南万里《ばんり》に海人有り。身は黒く眼は白し。裸《はだか》にして醜《みにく》し。其の肉は美《うま》し。行く者、或は射て之を食《く》らう」という記事にみられる倭国の西南万里のところにいるという異族「海人」を指すことがある。

「漁労にたずさわる人びと」を「海人」と呼称する用例は、南朝宋の人である謝恵連《しゃけいれん》の『連珠』に、「是を以て高く羅《あみ》を挙げれば、而《すなわ》ち雲鳥《うんちょう》（高く飛ぶ鳥）降り、海人、萃《あつ》まれば、而ち水禽翔《か》く（高く飛びあがる）」とみえる。また同じく南朝梁《りょう》の人、任昉《じんぼう》が撰したものとされている『述異記』に、「東海に牛魚有り。其の形、牛の如し。海人採捕す」とある。しかし、「漁労にたずさわる人びと」のことを、「海人」と称するよりも、「漁人《ぎょじん》」「漁夫」「漁父《ぎょほ》」「漁師」などと表記するほうが、ひろくもちいられていたようである。「漁夫」「漁父」の用例には、漢の劉向《りゅうきょう》の著『説苑《ぜいえん》』善説に、「深淵に入り、蛟龍《こうりょう》を刺し、黿鼉《げんだ》（おおすっぽんとわにの類）を抱きて出ずる者は、此れ漁夫の勇悍《ゆうかん》なり」とあり、『荘子』秋水篇に、「夫《そ》れ水行して蛟龍を避けざる者は、漁父《ぎょほ》の勇なり」とある。また「漁人」「漁師」の用例として、『淮南子』時則訓に、「乃《すなわ》ち漁人、蛟を伐ち、鼉《だ》を取り、亀を登《と》り、黿《げん》を取る」とあり、『礼記』月礼に、「漁師に命じて蛟を伐ち、鼉《だ》を取り、亀を登《と》り、黿《げん》を取らしめ」とあるのがあげられる。

なお「黿鼉《げんだ》」と「蛟龍」とをもちいた文章は、『中庸』に、「今夫《いまそ》れ水は、一勺《いっしゃく》の多きなり。其の測《はか》られざるに及びては、黿鼉、鮫《こう》（蛟）龍《りょう》、魚鼈《ぎょべつ》生じ、貨財殖《しょく》す」とみえる。

「魚蛤」は、さまざまな魚類と蛤《はまぐり》をいう。ただし蛤は、浅海の砂泥のなかに生息するので、この貝を「ハマグリ」とするのは疑問とされている。

魚　蛤

「ハマグリ」のことを「うむぎ」と称し、『日本書紀』景行天皇五十三年十月の条に、「上《かみつ》総国《ふさのくに》に至りて、海路《うちつじ》より淡水門《あわのみなと》を渡りたまう。……尋ねて海の中に出でます。仍りて白蛤《うむぎ》を得たまう。是《ここ》に膳臣《かしわでのおみ》の遠祖《とおつおや》、名は磐鹿六鴈《いわかむつかり》、……白蛤を膾《なます》に為《つく》りて進《たてまつ》る。故《かれ》、六鴈臣の功《いさお》を美《ほ》めて、膳大伴部を賜う」と、「白蛤」という表記で記されている。この「白蛤」伝承は、『高橋氏文』には、「八尺白蛤《やさかのうむき》」、『新撰姓氏録』左京皇別上、高橋朝臣条には「大蛤」、同じく膳大伴部条には、「白蛤」とみえる。

また『出雲国風土記』嶋根郡の「凡《すべ》て、北の海に捕る所の雑《くさぐさ》の物」の条には、「蛤貝《うむぎ》〈字を或いは蚌菜《ぼうさい》に作る〉とみえ、秋鹿《あいか》郡の「凡て、北の海に在《あ》る所の雑の物」の条には、「蚌《うむぎ》」の表記で記載されている。なお楯縫《たてぬい》郡の条に、「凡て、北の海に在る所の雑の物は、秋鹿の郡《こおり》に説けるが如し」とあり、また出雲郡の条に、「凡て、北の海に在る所の雑の物は、楯縫の郡に説けるが如し。……捕《と》る者は、所謂《いわゆる》、御埼《みさき》の海子《あま》、是《これ》なり」とあるのによれば、嶋根郡、秋鹿郡の「北の海」で捕れる「蛤貝〈蚌菜〉」「蚌」も、「海子（海人）」によって採捕されていたとみなしてよい。

「蚌」は、大蛤の一種で、蜃《しん》（うむぎ）ともいう。『常陸国風土記』那賀《なか》郡、平津駅家《ひらつのうまや》の条に、「上古《いにしえ》、人有り。躰《かたち》は極めて長大《たけたか》く、身《み》は丘壟《おか》の上に居《い》て、手は海浜《うみべた》の蜃《うむぎ》を摎《くじ》る」とあって、蜃のことがみえる。

「ハマグリ」のことを『倭名類聚鈔』亀貝類には、「蚌蛤」として掲げ、「和名は波万久《はまぐ》理《り》」とする。他方、「海蛤」の項では、「和名は宇無木乃加比《うむぎのかひ》」と説いている。ただし上述したように、「魚蛤」の「蛤」を「ハマグリ」と理解するのは誤りかもしれない。「蛤」は、「アオガイ」「シオフキ」「カキ」などの貝類をも意味するからである。

「大魚」は、具体的には、「ヨシキリザメ」「ホオジロザメ」など人間を食い殺すサメ類ではないかとされている。

大魚と水禽

「水禽」は、ここでは人間を攻撃する「ウミワシ」「アホウドリ」の類ではないかといわれている。

国ぐにで異なる文身

「諸国の文身は、各々異なり」云々とあるのは、注目される。なぜならば、国ぐにで異なる文身を施していたというのは、それぞれ地方の小国が、独自の文身の伝統をたもち、統属している女王国によって、文身の統一基準に拘束されていない状況がつづいていたことをしめしているからである。

国ぐにでの異なった文身のことではないが、黥面の埴輪《はにわ》には、鼻のうえに翼《つばさ》形の入れ墨を施したもの（A類）、顔面に環状の入れ墨を施したもの（B類）、A類とB類の入れ墨をあわせたもの（C類）、頬《ほお》に「ハ」の字形の入れ墨を施したもの（D類）があることが指摘されており、A類、B類は、畿内を中心に西日本に多くみられ、C類は、畿内だけに限られ、D類は、関東地方に多いといわれている。

このような地域的特徴をもつ黥面の埴輪は、国ぐにでの異なる文身とかかわって、黥面にあっても、国ぐにで異なったものがあった伝統を継承しているものと考えられなくはない。さらに黥面埴輪の資料の増加を待ち、あわせて弥生時代から古墳時代への推移期における土器、および石棺などに黥面を施したらしく描かれた人面との比較検討をすすめて、それらの地域的特徴があきらかになれば、国ぐににおける文身の差異の問題解明にも資することになろう。

会稽の東治の東

『梁職貢図』倭国使のもとに、「倭王の止る所大坸《おおよそ》、会稽の東に在り」とある。「会稽」は、『漢書』地理志に、「会稽郡〈秦置く。高帝六年、荆国《けいこく》と為《な》し、十二年、更《あらた》めて呉《ご》と号《ごう》す。景帝四年、江都に属す。揚州に属す〉。戸二十二万三千三十八、口《こう》百三万二千六百四、県二十六」とあり、二六県のうち「呉県（江蘇省呉県）」について、「故国《ここく》（古くからある国）。周の太伯《たいはく》、邑《ゆう》する（封地とする）所なり」と記し、「山陰県（浙江省紹興県）」について、「会稽山、南に在《あ》り。上に（山上に）禹《う》（夏《か》王朝の始祖）の冢《ちょう》、禹の井有《あ》り。揚州の山。越王句践《こうせん》の本国。霊文園有り」とみえる。会稽郡の呉県は、周の太伯、山陰県は、越王句践と関係ある地で、いずれも「断髪文身」の習俗を伝える所である。

「東治」は、版本に「東治」とあるが誤り。『漢書』地理志には、会稽郡のもとにある二六県の一つで、「冶《や》（福建省福州を中心とする地）」として掲げる。顔師古は、「冶」を「本《もと》、閩越《びんえつ》の地なり」と注している。

男子と婦人の服飾

倭人の男たちは、みな頭にかぶるものをつけず、ただ、木綿のはちまきをし、衣服は、ひと幅の布を、そのまま腰にまいて、結び束《たば》ねるだけであってほとんど縫うことはしない。また女たちは、髪を結わないで束ねあげ、衣服は、「貫頭衣」を着ていることを、つぎのように記述する。

其の風俗、淫《みだ》れず。男子は皆《みな》、露紒《ろけい》し、木緜《もくめん》を以て頭に招《しば》り、其の衣は横幅《おうふく》、但《ただ》、結束して相連《あいつら》ね、略《ほぼ》、縫《ぬ》うこと無し。婦人は被髪屈紒《くつけい》し、衣を作ること単被《たんぴ》の如く、其の中央を穿《うが》ち、頭を貫《つら》ぬきて之《これ》を衣《き》る。

淫れずの意味

原文の「不淫」の「淫」には、いろいろな意味がある。たとえば『管《かん》子《し》』小匡《しょうきょう》に、「男女、淫《みだ》れず（不淫）、馬牛、選具《せんぐ》す（十分そなわっている）」の「淫」は、「乱れる」のことであり、同じく『管子』明法に、「意《こころ》を法の外に淫《あそ》ばず（不淫）」の「淫」は、「遊ぶ」の意である。倭人伝の「不淫」は、ここでは、「淫れず」、すなわち「乱れていない」の意と解する。

『礼記』坊記に、「澄酒《ちょうしゅ》、下《しも》に在《あ》るは、民《たみ》に淫《おぼ》れざる（不淫）を示すなり」とある「淫」は、「溺れる」という意味であり、また同書の儒行に、「其の居処《きょしょ》、淫《おご》らず（不淫）、其の飲食《いんし》、溽《こまやか》ならず」の「淫」は、「奢《おご》る」という言葉である。『礼記』の前者「溺れる」のほかの用例は、『国語』周語中にもみえ、「飫《よ》（立食の宴会）は、以て物を顕《あきら》かにし、宴《えん》（饗宴）を以て好《よしみ》を合《あ》わす。故に歳に飫《よ》して倦《う》まず、時に宴して淫《おぼ》れず（不淫）」とある。

その『国語』には、「不淫」の他の意味をもつ用例が、晋語七に、「（悼公）、程鄭《ていてい》が端《ただ》しくして淫《よこしま》ならざる（不淫）を知り、且《か》つ諫《いさ》めて隠《さ》けざるを好《よろこ》ぶ」とみえる。この場合の「淫」は、「邪悪」を意味している。また『韓非子』解老には、「上徳《じょうとく》は徳ならずとは、其の神《しん》、外《そと》に淫《はな》れざるを言うなり」とあって、ここでの「淫」は、「離れる」という意味である。

もちろん倭人伝の「不淫」は、『管子』小匡の「男女、淫れず（不淫）」と同様に、「乱れていない」と訳するのが妥当である。「淫《みだ》らならず」と訓んで、「淫らではない」と解するよりも、「きちんとしている」「節度がある」と意訳するほうがあたっているであろう。

ちなみに『管子』の「男女、淫れず、馬牛選具す」と酷似する文が、『国語』斉語に「男女不淫、牛馬選具」とみえ、これを「男女、淫《いん》せられず、牛馬、選具す」と訓み、「男女とも暴行略奪されることなく、牛馬も充分であった」と通釈する例があるが、この文も、「男女、淫れず、牛馬、選具す」と訓んだほうがよいのではなかろうか。

男子の露紒と招頭

「露紒《ろけい》」は、冠や頭巾をつけない頭をいい、「魁頭《かいとう》」「科頭《かとう》」とも称する。『魏志』韓伝に、「其の人性《じんせい》（人の生まれつき）、彊勇《きょうゆう》（強く勇ましい）にして、魁頭露紒す」とあるように、「露紒」の用例がある。『後漢書』韓伝、馬韓の条には、この文を「大率《たいしゅつ》（おおむね）皆《みな》、魁頭露紒す」とし、「魁頭」、および「紒」に注して、「魁頭は、科頭の猶《ごと》きものなり。髪を以て縈繞《えいじょう》（まといめぐらせること）し、科結《かけつ》（わけて結ぶこと）を成《な》すなり。紒の音は計《けい》」とある。『隋書』倭国伝には、「露紒」にあたる部分を「頭には亦《また》、冠無く、但《ただ》、髪を両耳の上に垂る」と表現している。『梁書』倭伝には、「男女皆、露紒す」とあるが、これは「露紒」とほぼ意味を同じくする女性の「被髪」を同様のものとして「男女皆」としたものであろう。

「招頭」の「招」には、「まねく」「もとめる」「かける」のほか、さまざまな意味があるが、ここでは、「しばる」「むすぶ」などを意味している。したがって、この文は、「木緜を以て頭に招《しば》り」と訓む。『孟子』尽心章句《じんしんしょうく》下に、「今の楊《よう》、墨《ぼく》（楊は戦国時代の思想家楊子、墨は墨子〈前四八〇?～前四二〇〉）と弁ずる者は、放豚《ほうとん》（檻《おり》から逃げだした豚）を追《お》うが如し。既《すで》に其の苙《おり》に入《い》れば、又従いて之を招《しば》る」とある「招」の字について、後漢の趙《ちょう》岐《き》（?〜二〇一）の注は、「罥《けん》（罥）」として記している。「罥」の字は、「しばる」「むすぶ」を意味する語である。

木緜を以て頭に招る

「木緜（木綿）」は、「古貝《こばい》」「古終《こしゅう》」「吉貝《きつばい》」のことであり、『本草綱目』巻三十六、木之三の「木綿」の項に、「釈名は古貝古終〈時珍曰く、木綿に二種有り。木に似たる者は、古貝と名《な》え、草に似たる者を、古終と名《な》う。或は吉貝に作るは、乃ち古貝の訛なり……〉」とある。宋の人である方勺《ほうしゃく》の『泊宅編』巻三には、「閩広《びんこう》（閩は今の福建省、広は広州で今の広東、広西の二省）、多く木綿を種《う》う。樹高七八尺、葉は柞《ははそ》（こなら、くぬぎの類）の如く、実を結ぶに大菱《たいりょう》の如くして、色は青《あお》し。秋深くして即ち開き、白綿の茸《にこげ》（やわらかい毛）を露《あら》わす。然して土人、摘《つ》み取り殻《から》を去り、鉄の杖桿《じょうかん》を以て黒子《こくし》（黒い色の種子）を尽《けず》り、徐《おもむろ》に小弓を以て弾《はじ》き、紛起《ふんき》せしめ、然る後に紡績して布と為す。名づけて吉貝と曰う」とみえる。

「吉貝」については、『梁書』諸夷、林邑国伝に「吉貝」を出《いだ》すことをあげ、「吉貝は、樹名なり。其の華《はな》の成《みの》る時は、鵝毳《がぜい》（鵝鳥のやわらかな毛）の如し。其の緒《いとぐち》を抽《ぬ》き、之を紡《つむ》ぎて、以て布を作る。潔白なること紵布《ちょふ》（いちび、麻の一種で織った布）と殊《こと》ならず。亦《また》、染めて五色と成し、織りて斑布《はんぷ》と為す」と記す。

倭人伝の「木緜を以て頭に招《しば》り」に相当する文を、『梁職貢図』倭国使のもとには、「木綿を以て首《あたま》に帖《つ》く」とある。ここでの「帖」の字を「垂《た》る」の意とし、「首に木綿を巻き垂らし」、あるいは「頭にまいた木綿を首のところまでたらし」と解する説がある。ただし「帖」には、「着ける」意があるし、また「首」は、「あたま」「かしら」のこともいうから、「木綿を以て首に帖く」は、倭人伝の「木緜を以て頭に招《しば》り」、すなわち「木綿」の布ではちまきすることと同じ意味の文であろう。

衣は横幅

「横幅《おうふく》」は、幅のひろい布のこと。『梁職貢図』倭国使のもとに、「衣は横幅にして、縫うこと無く、但《ただ》結ぶ」とある。

「横幅」については、『南斉書』林邑国伝に、女子が嫁ぐときの服飾として、「迦藍《がらん》の衣は横幅、縫《ぬ》い合わせること井闌《せいらん》(井の字形を組みあわせたもの)の如く、首《あたま》には花宝を戴《いただ》く」とある。また同書の扶南国伝には、「大家の男子は、錦を截《た》ち横幅と為す」とみえる。さらに『梁書』林邑国伝には、「男女皆《みな》、横幅の吉貝を以て、腰以下に繞《まと》う。之を干漫《かんまん》と謂《い》い、亦都縵《またとまん》と曰う。……林邑、扶南自《よ》り以南の諸国、皆然《しか》り」とある。「吉貝(古貝)」と「干漫(干縵)」のことは、同書の狼牙脩《らんかすか》国伝に、「其の俗、男女皆《みな》、袒《かたぬ》ぎして、被髪《ひはつ》（髪を結ばないで、ふり乱していること）し、古貝を以て、干縵と為す」とみえる。

『南史』林邑国伝にも、「男女皆、横幅の古貝を以て、腰以下に繞《まと》う。之を干漫と謂い、亦都漫と曰う。……林邑、扶南自り以南の諸国、皆然り」とあり、また同書の狼牙脩国伝には、「其の俗、男女皆、袒ぎして、被髪し、古貝を以て、干漫と為す」とあって、『梁書』林邑国伝、および狼牙脩伝のものと同文がみえる。さらに『梁書』扶南国伝に、呉のとき中郎の康泰《こうたい》と宣化従事《せんかじゅうじ》の朱応を尋国《じんこく》に遣わしたさいのこととして、「尋（国）、始めて国内の男子をして横幅を着せ令《し》む。横幅は、今の干漫なり。大家は、乃《すなわ》ち錦を截《た》ち之と為し、貧者は、乃ち布を用う」とある。この「横幅」のことは、『南史』扶南国伝にも、同様の文で記述されている。「大家は、乃ち錦を截ち之（横幅）と為し、貧者は、乃ち布を用う」に相当する『南斉書』扶南国伝の「大家の男子は、錦を截ち横幅と為す」という記事は、さきに掲げたが、この記事も扶南国一般の服装を述べているのではなく、「尋国」などのことを説明しているものらしい。というのは、扶南の人が、「傍邑の不賓《ふひん》（したがわないこと）の民を攻略し、奴婢と為し、金銀綵帛《さいはく》を貨易す」につづいて、「大家の男子は、錦を截ち横幅と為し、……貧者は、布を以て自ら蔽《おお》う」とあるからである。

さらに『旧唐書』婆利国伝に、「男子は皆、髪を拳《ま》き、古貝の布の横幅なるを被《き》、以て腰に繞《まと》う。……古貝の草有り。其の花を緝《つむ》ぎ、以て布を作る。粗なる者は、古貝と名づけ、細かなる者は、白氎《はくちょう》と名づく」とあり、また『新唐書』の同伝には、「古貝の横一幅を以て腰に繚《めぐ》らす。古貝は草なり。其の花を緝《つむ》ぎて布と為す。粗なるを貝と曰い、精なるを氎と曰う」とみえる。

被髪屈紒と貫頭衣

「被髪」は、髪を結ばないで、ふり乱し、冠もつけないこと。「屈紒」は、『文選』所載の李康の「運命論」に、「椎紒《ついけい》（さいづちまげ）して敖庾《ごうゆ》（秦代に敖山の上に倉庫を建てた地、河南省鄭州市の西北）、海陵（漢代に呉王濞《び》が倉庫を置いた地、江蘇省泰県の東）の倉を守る」とある「紒」に李善《りぜん》（六三〇？―六八九）が、張揖《ちょうゆう》による司馬長卿《しばちょうけい》（相如《しょうじょ》、前一七九～前一一七）の「上林《じょうりん》の賦《ふ》」の注に、「紒とは、鬢《びん》後に垂る」とあるのを引いて注記しているのをあげて、中国の『漢語大詞典』の「屈紒」の項は、「鬢《びん》を曲げて後《うし》ろに垂れる」ことという説明をしている。『北史』倭国伝には、「屈紒」に相当する文を「婦人は、髪を後ろに束ね」とする。

倭人伝の「衣を作ること単被の如く、其の中央を穿ち、頭を貫ぬきて之を衣る」に類似する文は、『漢書』地理志下に、「武帝の元封元年（前一一〇）、略して以て儋耳《たんじ》、珠厓《しゅがい》郡と為す。民は皆《みな》、布を服《き》るに単被の如く、中央を穿ちて貫頭と為す」とみえる。

「単被」は、ひとえの夜着。後世のことになるが、中国、元の学者蘇天爵《そてんしゃく》（一二九四～一三五二）の詩に、「江南婦人の単被の穿つ」を着ていることを歌いあげている。ここに「穿つ」とあるので、この「単被」も「貫頭衣」であろう。

「貫頭衣」については、前掲『漢書』地理志下の儋耳、珠厓の民の服装にかかわる記事以外に、『呉志』薛綜《せっそう》伝に、交趾《こうし》（ベトナム）地方の風俗として「山川、長遠にして、習俗、斉《ひと》しからず。言語は、同異にして、訳を重ねて乃ち通ず。民は、禽獣の如く、長幼、別無し。椎結《すいけつ》徒跣《とせん》、貫頭《かんとう》左衽《さじん》なり」とみえる。

また『後漢書』哀牢夷伝に、「邑豪、歳《とし》ごとに布、貫頭衣二領、塩一斛を輸し、以て常賦と為す」とみえ、『南斉書』扶南国伝に、「女は、貫頭と為す」とある。さらに『新唐書』黒僰濮《こくぼくぼく》伝に、「幅布を以て裙《くん》と為し、貫頭して之を繋《むす》ぶ」とみえる。なお『旧唐書《くとうじょ》』南平獠《なんぺいりょう》伝に、「婦人は、横布両幅、中を穿《うが》ちて其の首《かしら》を貫く。名づけて通裙《つうくん》と為す」、および『新唐書』の同伝に、「婦人は、横布二幅、中を穿ちて其の首《かしら》を貫く。号して通裙と曰う」とあるのも「貫頭衣」のことで、「通裙」ということから黒僰濮伝にみえる「裙」「貫頭」と同類のものであろう。

倭の産物と倭人の習俗

産物と動物の有無

「禾稲《かとう》、紵麻《ちょま》を種《う》え、蚕桑《さんそう》、緝績《しゅうせき》し」にはじまり、「有無する所、儋耳《たんじ》、朱崖《しゅがい》と同じ」におわる倭人伝のこの段の記述は、『漢書』地理志下、粤地《えっち》の条に、「合浦《ごうほ》の徐聞《じょぶん》（海南島にあい対する雷州半島の南端の地）自《よ》り南に海に入れば、大州（大きな島）に得《であ》う。東西南北、方《ほう》は千里なり。武帝の元封元年（前一一〇）、略して以て儋耳、珠厓郡と為す。民は皆、布を服《き》るに単被の如く、中央を穿ちて貫頭と為す。男子は耕農し、禾稲、紵麻を種《う》え、女子は桑蚕、織績す。馬と虎とが亡《な》く、民に五畜《ごちく》（牛、羊、豕《ぶた》、雞《にわとり》、犬）有り、山に麞《しゅ》、麖《けい》（麞、麖ともに、おおしか〈大鹿〉の類）多し。兵（武器）は、則ち矛、盾、刀、木弓《もっきゅう》、弩《ど》（いしゆみ）、竹矢《ちくし》には、或いは骨を鏃《やじり》と為す」とある記事と近似する。倭人伝に、「有無する所、儋耳、朱崖と同じ」とあるので、『漢書』のこの記事を参照したのであろう。

禾稲《かとう》、紵麻《ちょま》を種《う》え、蚕桑《さんそう》、緝績《しゅうせき》し、細紵《さいちょ》、縑緜《けんめん》を出だす。其の地には牛、馬、虎、豹、羊、鵲《かささぎ》無し。兵には矛《ほこ》、楯《たて》、木弓を用《もち》う。木弓は下を短く、上を長くし、竹箭《ちくせん》には、或いは鉄鏃《てつぞく》、或いは骨鏃。有無する所、儋耳《たんじ》、朱崖《しゅがい》と同じ。

禾稲と紵麻

「禾稲」は、「イネ」、「紵麻」は、「苧麻《ちょま》」に同じ。「紵」は、「イチビ」で麻の一種であるが、ここでの「紵」は同じく麻の一種である「苧」のことで「カラムシ」のこと。「苧」は、多年草であって、茎の皮の繊維《せんい》で布を織る。『後漢書』倭伝は、「麻紵」に作り、『和名類聚抄』は、「麻苧」に作る。

倭人伝の「禾稲」以下の文、『後漢書』倭伝は、「土は禾稲、麻紵、蚕桑に宜《よろ》しく、織績を知り、縑布を為《つく》る」に作る。『晋書』倭人伝には、「俗、禾稲、紵麻を種え、而して蚕桑、織績す」とある。

蚕桑と緝績

「蚕桑《さんそう》」は、桑を栽えて、蚕を飼うこと。中国古典での古い用例は、『管子』山権数に、「民の蚕桑に通じ、蚕を疾病せざら使《し》めば、皆、之に黄金一斤、直食八石を置《ゆる》す」とあるもの。

『魏志』弁辰伝に、「蚕桑を暁《し》り、縑布を作る」とみえ、『後漢書』韓伝、辰韓の条に、「蚕桑を知り、縑布を作る」とある。また『晋書』辰韓伝に、「俗、蚕桑を暁《し》り、善《よ》く縑布を作る」と記されている。

「緝績」は、紡《つむ》ぐこと。『管子』事語に、「女は、緝績、徽織《きしょく》（はたおり）に勤《つと》め、功を府《くら》に帰《おく》る」とみえ、『後漢書』梁鴻《りょうこう》伝に、「（梁）鴻、聞て之を娉《めと》らんとす。女《むすめ》、求《つと》めて布衣、麻屨《まく》（麻で作った履き物）、織作《しょくさく》（はたおりの仕事）、筐《きょう》（竹製の箱）、緝績の具《そなえ》（準備）を作《な》す」とある。

『後漢書』倭伝は、「緝績」にあたる熟語を「織績《しょくせき》」に作り、「織績を知り、縑布を為《つく》る」とある。『梁書』倭伝は、「蚕桑、織績す」に作る。「織績」の用例は、『漢書』地理志下、儋耳、珠厓郡設置の記事のもとに、「女子は桑蚕、織績す」とあり、『後漢書』崔寔《さいしょく》伝に、「五原の土は、麻枲《まし》（あさ、枲は雄麻）に宜《よろ》し。而《しか》れども俗、織績することを知らず」とみえる。「織績」とは、布帛を織り、麻などを績《う》むこと。

細紵と縑緜

「細紵」は、細い麻糸とするよりも、紵（からむし）で細密に織った麻布と解釈するほうが妥当であろう。

「細紵」のことが記載されている文章には、『太平御覧』布帛部七、紵の条にみえるものがある。それには、「朱崖伝に曰く、朱崖の俗、行来出入《こうらいしゅつにゅう》には、布、或いは細紵を着るに如《したが》う」とある。

「縑緜」の「縑」は、緻密な絹織物。「かとりぎぬ」のこと。『急就篇《きゅうしゅうへん》』の「縑」の顔《がん》師古《しこ》（五八一～六四五）注に、「糸を幷《あわ》せて織る。甚だ致《ち》（緻）密なり」とあり、後漢の劉熙撰『釈名《しゃくみょう》』には、「縑」について、「其の糸は細緻《さいち》にして、数《くり》かえし絹を兼《あわ》せ、五色に染め兼す。細緻なること水を漏《もら》さず」とある。

「緜」は、「まわた」のこと。『急就篇』の顔師古の注に、「繭《まゆ》を漬《つ》け、之を擘《さ》く。精なる者を緜と為し、麤《そ》なる者を絮《じょ》（わた）と為す」とある。

牛馬など無し

倭の地に「虎」「豹」の猛獣が棲息していなかったことは、ただちに理解できる。ただし一万年以前に存在していたことは化石の出土によって知られ、その後、絶滅したという。「羊」もいなかった。『日本書紀』推古天皇七年（五九九）九月癸亥朔の条に、「百済《くだら》、駱駝《らくだ》一匹、驢《うさぎうま》一匹、羊二頭、白雉《しろききぎす》一隻を貢《たてまつ》れり」とあるのが「羊」の初見。

「鵲」については、『日本書紀』推古天皇六年（五九八）四月の条に、「難波吉士《なにわのきし》磐金《いわかね》、新羅自《よ》り至りて、鵲《かささぎ》二隻《ふたつ》を献る。乃ち難波社《なにわのもり》に養《か》わしむ。因りて枝に巣《す》いて産《こう》めり」とみえるのが最初の記事。

牛と馬については問題がある。かつて縄文、弥生の遺跡から出土した牛骨、馬骨によって、倭人伝が記された時代には、倭の地の人のあいだに牛、馬が飼養されていたとみなし、倭人伝の記述は事実を伝えたものではないとされる意見が多くあった。しかし、骨にふくまれているアミノ酸の変質状態の分析や、骨に含有されているウラン、あるいはフッ素の量の変化を分析することによって年代を推しはかる科学的方法によると、牛骨、馬骨の年代は、鹿骨や猪骨などのものよりも新しいものであり、後世になって遺跡に混入した可能性が高いことが指摘されるにいたっている。『梁職貢図』倭国使のもとに、「牛、馬、虎、豹、羊、鵲無し」とある。

兵器の矛と楯と木弓

「兵」は、兵器、武器。「矛」は、はじめは青銅製で、細く鋭い形状のものであって、実用の武器であった。のちに広く大形のものになり、実戦に耐えない武器と化しているので、祭器としてもちいられたものと考えられている。倭人伝の時代には、鉄製の矛がつくられており、青銅製の実用武器としての矛は、鉄製のものに変化したとみなしてよい。ただし鉄は残存しにくいので遺品は少ない。弥生中、後期の佐賀県二塚山《ふたつかやま》遺跡（三養基郡上峰村大字堤字五本谷と神埼郡東背振村大字大曲字松葉にまたがる地）出土の鉄矛は、よく知られている。

「楯」は「盾」とも書き、矢を防ぐ木製の防御具。弥生中期の奈良県石上《いそのかみ》（天理市石上町小字平尾山）出土の二号銅鐸の鈕に鋳だされた二人の人物像の手には楯と考えられるものを持ち、また弥生後期前半の佐賀県川寄吉原《かわよりよしはら》遺跡（神埼郡神埼町大字竹字吉原）出土の鐸形土製品に線刻された人物像の左手に楯を持っている姿が描かれている。

手に持つ楯は、「手楯《てだて》」「歩楯」と称し、『和名類聚抄』征戦具条の「歩楯」の項に、「釈名に云う、狭《せま》くて長きを歩楯〈和名は天太天《てたて》〉と曰い、歩兵が持つ所なり」とある。「手楯」の用例として、『扶桑略記』天慶三年二月十四日条の「手楯三百枚」があげられる。『和名類聚抄』の「歩楯」の項の前に、「楯」の項を載せ、「和名は太天《たて》」と注し、「一名、櫓《ろ》〈音は魯〉」とある。「櫓」は、「おおだて（大楯）」のこと。「大楯」は、「置楯」であって、『古事記』神武天皇段の歌謡に、「多々那米弖《たたなめて》（楯並《な》めて）」とあり、『万葉集』巻第十七所載、境部宿禰老麻呂《さかいべのすくねおゆまろ》の歌に、「楯並而（楯並めて）」（三九〇八番）とみえることによって、楯が立てならべられ、防御具としてもちいられていたことが知られる。「木弓」が武器として、ひろく使用されるのにともない、「手楯」から大楯である「置楯」へと発展していったと思われる。

「木弓」について、倭人伝は、つづいて「木弓は下を短く、上を長くし」と、その形態を説明している。伝香川県（讃岐国）出土の二個の銅鐸に描かれている人物の持つ弓は、あきらかに「短下長上」の形式のものである。

竹箭と鉄鏃と骨鏃

「竹箭には、或いは鉄鏃、或いは骨鏃」とは、「竹の矢には、鉄鏃や骨鏃をもちいる」ことをいう。

普通、「竹箭」は、『山海経《せんがいきょう》』第二、西山経に、「竹水出《ちくすいいで》て、北流し、渭《い》に注《そそ》ぐ。其の陽《みなみ》に竹箭多く、蒼玉《そうぎょく》多し」とあり、また「漆水《しっすい》出て、北流し渭に注ぐ。其の上《いただき》に棫《いき》（たらのき）橿《きょう》（もちのき）多く、其の下《ふもと》に竹箭多く、其の陰《きた》に赤銅多く、其の陽《みなみ》に嬰垣《えいえん》（琨《こん》か）の玉多し」とあるように、竹（大竹）と箭（小竹、やだけ）とをあらわす熟語としてもちいることが多い。

しかし倭人伝の「竹箭」は、『墨子』非攻中に、「竹箭、羽旄《うぼう》、幄幕《あくばく》、甲盾《こうじゅん》、撥劒《はつふう》（弓の矢、王者の遊軍に立てた旌旗、陣中にもちいる幔《とばり》、鎧《よろい》と楯《たて》、大楯と刀剣）」とみえるように、

「弓の矢」で、矢の棒の部分、すなわち矢柄《やがら》（矢幹）のことである。

「鉄鏃」と「骨鏃」とは、もちろん鉄製の矢尻《やじり》と骨製のそれである。北部九州では、邪馬台国の時代の鉄鏃、骨鏃が出土し、畿内では、鉄鏃が出土している。

儋耳と朱崖

前漢の武帝元封元年（前一一〇）に設置された郡であって、「儋耳」は、今の広東省儋県の西北に郡の治所があった。「朱崖」は、広東省瓊山県の東南の地に治所が置かれた。ともに海南島にあった。『漢書』地理志下、粤地の条の儋耳、朱崖（厓）の風俗、習俗記事と、倭人伝の記述が類似していることは、前述したとおりである。

儋耳郡の廃止については、『漢書』昭帝紀、始元五年（前八二）六月の条に、「儋耳、真番郡を罷む」とある。その後の「儋耳」の動向に関して『後漢書』明帝紀、永平十七年（七四）是歳の条に、「西南夷の哀牢《あいろう》、儋耳《たんじ》、僬僥《しょうぎょう》、槃木《ばんぼく》、白狼《はくろう》、動黏《どうでん》の諸種、前後して義を慕い貢献す」とみえ、その注としてあげてある楊浮の『異物志』に、「儋耳は、南方の夷なり。生まれれば則《すなわ》ち其の頰皮《きょうひ》に鏤《ちりば》め、耳匡《じきょう》（匡は、目のふち）に連ぬ。分けて数支と為す。状《かたち》は雞腸《けいちょう》の如く、纍纍《るいるい》として下に垂《た》れ肩に至る」とあって、儋耳種族の「文身」習俗を記す。また古くは『山海経《せんがいきょう》』海内南経の「離耳《りじ》国」についての晋の中書郎劉逵《りゅうき》の注に、「呉都賦《ごとのふ》に異物志を引いて云く、儋耳の人、其の耳匡に鏤《ちりば》む。漢書の張晏の注に云く、儋耳は、其の頬皮《きょうひ》の上に鏤《ちりば》め、耳に連ぬ。分けて数支と為す。状は雞腸の似《ごと》く、累《つらな》りて耳の下に垂る」とある。張晏の注は、楊浮の『異物志』の文とほぼ同じである。さらに『山海経』海内南経の郭璞《かくはく》の注には、「其の耳に鏤離《そうり》（きざむ、入れ墨すること）し、分けて下に垂ら令《し》め、以て飾りと為す。即ち儋耳なり。朱崖の海渚中に在り。五穀を食《くら》わず、但《ただ》、蚌《ぼう》（はまぐり）及び藷蔞《しょしょ》（やまのいも）を噉《くら》うなり」とある。また『山海経』大荒北経の「儋耳之国」の郭璞の注に、「其の人、耳大《みみ》にして儋《かた》に下《さ》がる。垂れて肩の上に在り。朱崖、儋耳、其の耳に鏤画《ろうかく》し、亦以て之を放《しめ》す」と記されている。なお『山海経』海内南経の「離耳国」の注に、「水経注に林邑記を引いて曰く、漢、九郡を置く。儋耳与《とも》に民、徒跣を好み、耳広《おお》きく垂れて、以て飾りと為す」ともある。

『後漢書』南蛮西南夷伝には、「其の珠崖、儋耳二郡は、海洲の上に在り。東西千里、南北五百里なり。其の渠帥《きょすい》、長耳を貴《たっと》ぶ。皆《みな》、穿《うが》ちて之に縋《た》らす。垂《た》らすこと肩に三寸なり。武帝の末、珠崖の太守会稽の孫幸《そんこう》、調の広幅なる布を献ぜしむ。蛮、役《えき》するに堪《た》えず、遂に郡を攻めて幸を殺す。幸の子豹《ひょう》、率善《そつぜん》の人と合《とも》に、還復《かんぷく》して（繰りかえして）之を破り、自ら郡事を領《す》べる。余党を討撃し、連年にして乃ち平《たい》らぐ。豹、使いを遣わし、印綬を封《ふう》還《かん》し（封じて返還する）、上書して言状す。制詔して即ち豹を以て、珠崖の太守と為す。威政大いに行なわれ、献命歳ごとに至る。中国、其の珍賂《ちんろ》を貪《むさぼ》り、漸《ようや》く相侵侮《あいしんぶ》す（おかしあなどる）。故に率《おおむ》ね数歳にして一反《いっはん》す（完全にもとにもどる）。元帝の初元三年（前四六）、遂に之を罷《や》む。凡そ立郡してより六十五歳なり」とあって、珠崖郡廃止までの動きを記している。

倭人の生活

この段の倭人伝は、「倭の地は温暖、冬夏生菜を食す」からはじまり、生活のありさま、葬送のもようを生き生きと描写している。『梁職貢図』倭国使のもとに、「気は暖にして、地は温かなり」とある。

倭の地は温暖、冬夏生菜を食す。皆《みな》、徒跣《とせん》なり。屋室有り。父母兄弟、臥息《がそく》するに処《ところ》を異《こと》にす。朱丹を以て、其の身体に塗る。中国の粉を用いるが如きなり。食飲には籩《へん》豆《とう》を用い、手食す。其の死には、棺有《あ》れども槨《かく》無し。土を封《ほう》じて冢を作る。始め死するや、停喪《ていそう》すること十余日、時に当りて肉を食わず、喪主《そうしゅ》は哭泣《こくきゅう》し、他人は就《つ》きて歌舞飲酒す。已に葬《ほうむ》れば、家を挙《あ》げて水中に詣《いた》りて澡浴《そうよく》し、以て練沐《れんぼく》の如《ごと》くす。

生菜と徒跣

「生菜」は、生《なま》の野菜。『爾雅《じが》』の注に、「又《また》、渣芹《さきん》（みずせり）有り。生菜と為《な》す可《べ》し。亦《また》、生噉《せいたん》（生で食べること）す可し」とある。ここでは、「生菜」として、「みずせり（渣芹）」があげられている。

明の李時珍が撰述した『本草綱目』の「白苣《はくきょ》」の項のもとに「生菜」とあり、李時珍は、それに「白苣（しろちさ）、苦苣《くきょ》（けしあざみ）、萵苣《わきょ》（ちさ）は、倶《とも》に煮烹《しゃほう》す可《べ》からず。皆《みな》、宜《よろ》しく生挼《せいすい》して（生のまま揉《も》んで）汁《しる》を去《のぞ》き、塩醋《えんさく》（塩と酢《す》）して拌食《はんしょく》（かきまぜて食べる）すべし。通《つう》じて生菜と曰う可し」と説明を加えている。「ちさ（ちしゃ）」は、キク科の一年草。今日でいう「レタス」。

なお晋《しん》の葛洪《かっこう》撰『抱朴子《ほうぼくし》』釈滞《しゃくたい》に、「又《また》、気を行なう大要は、多食を欲せず、及び生菜、肥鮮の物を食《くら》えば、人をして気を強くし閉《と》ざし難《かた》から令む」とある「生菜」は、倭人伝とほぼ同じ時代の用例である。

「徒跣」は、はだし、すあしの意。『礼記』喪大記《そうたいき》には、「凡《およ》そ主人の出ずるや、徒跣《とせん》して衽《おくみ》（すそさき）を扱《さしはさ》み、心《むね》を拊《う》ちて、西階《せいかい》より降《くだ》る」とあって、「徒跣」の用例がみえる。また前漢の劉向《りゅうきょう》の編といわれる『戦国策』魏策に、「秦王曰く、布衣《ふい》（無位無官の者）の怒《せめ》には、亦《ただ》、冠を免《ぬ》ぎ徒跣し、頭を以て地に搶《つ》かしむるのみ」とあり、『漢書』匡衡《きょうこう》伝に、

「(匡)衡、冠を免《ぬ》ぎ徒跣して罪を待つ」とある。『礼記』にみえる「徒跣」は、葬儀において喪主（主人）が弔問客を出迎えるにあたっての姿かたちでの「はだし」であり、『戦国策』、および『漢書』にみえる「冠を免ぎ徒跣し」は、罪を責めるにあたって、責められる者が被《かぶ》り物《もの》を脱ぎ、「はだし」になる行為をしめすものである。

これらの「徒跣」は、いずれも非日常的なものであるが、倭人伝と同様に日常的な習俗としての「徒跣」については、『三国志』呉志、薛綜《せっそう》伝に引かれている「上疏」に、「漢の武帝、呂嘉《りょか》を誅し、九郡を開き、交阯《こうし》に刺史《しし》を設《お》き、以て之を鎮監《ちんかん》す。山川長遠にして、習俗は斉《ひと》しからず、言語は同異す。重訳して乃《すなわ》ち通ず。民は禽獣の如く、長幼別無し。椎結《ついけつ》（さいづちまげ）徒跣す」とみえ、『後漢書』南蛮西南夷伝には、「凡《およ》そ交阯の統《す》ぶる所、郡県を置くと雖《いえど》も、而《しか》るに言語各々《おのおの》異なり、重訳して乃ち通ず。人は禽獣の如く、長幼別無し。項髻《こうけい》（髪をうなじでたばねる）徒跣す」とある。また『山海経』海内南経の「離耳国」の項の注に、「水経注に林邑記を引いて曰く、漢、九郡を置く。儋耳《たんじ》も与《とも》にす。民は徒跣を好む」とあり、『晋書』林邑国伝に、「人は皆《みな》、倮露《らろ》（丸裸《まるはだか》）徒跣す」とみえ、『北史』林邑伝、および『隋書』林邑伝には、ともに「俗は皆《みな》、徒跣す」とある。

「俗は皆、徒跣す」の表現は、『後漢書』倭伝にも、「俗は皆、徒跣し」とみえる。『晋書』倭人伝には、「被髪徒跣す」とある。

臥息する処

『後漢書』倭伝には、「城柵、屋室有り。父母兄弟、処を異にす。唯《ただ》、会同には男女別無し」とある。『晋書』倭人伝は、「屋宇有り。父母兄弟、臥息するに処を異にす」に作る。

『魏志』の他の伝において「居処」の記述についてみると、高句麗伝は、「山谷に随い、以て居と為す」とし、挹婁伝は、「山林の間《ところ》に処《お》り、常に穴居す」と記し、韓伝には、「居処には、草屋、土室を作る。形は冢《ちょう》の如し、其の戸は上に在り、家を挙《あ》げて共に中に在《お》りて、長幼男女の別無し」とあって、いずれも倭人の「屋室」とは様相を異にしている。

朱丹と中国の粉

朱丹は、赤色顔料。単に朱ともいい、また丹ともいう。朱砂《しゅさ》、辰砂《しんしゃ》（水銀と硫黄の化合物）のこと。

「朱丹」については、『魏志』斉王芳伝、正始八年（二四七）十二月条の散騎常侍諫議大夫の孔乂《こうがい》の奏に、「天子の宮には、斲礱《たくろう》（切り磨く）の制有り。朱丹の飾り無し。宜《よろ》しく礼《らい》（周礼）に循《したが》って古《いにしえ》に復すべし」とみえる。『後漢書』大秦国伝には、「土《くに》には金銀奇宝多く、夜光璧《やこうへき》、明月珠《めいげつしゅ》、駭鶏犀《がいけいさい》（犀の一種である通天犀《つうてんさい》の角《つの》）、珊瑚《さんご》、虎魄《こはく》、琉璃《るり》、朱丹、青碧《せいへき》有り」とあって、朱丹が貴重な物産であったことをしめしている。

「中国の粉」の「粉」は、白粉《おしろい》のこと、『急就篇《きゅうしゅうへん》』巻三にみえる「脂粉《しふん》」の「粉」について、顔師古《がんしこ》（五八一〜六四五）は、「粉とは鉛粉、及び米粉を謂《い》う。皆《みな》、以て面《かお》に傅《つ》け、光潔《こうけつ》（なめらかで、つややかにすること）を取《う》るなり」と注している。

白粉には、鉛粉と米粉とがあったが、漢代の楽浪郡王旴《おうく》墓から出土した漆塗りの化粧箱のなかに収められていた円形の合子《ごうす》（ふたのついた器）の一つには鉛の白粉、他の一つには滑石《かっせき》（主としてマグネシウムと珪素から成る鉱物であるタルク）の白粉が入っていたことによって、古代中国の白粉には、鉛粉とともに滑石粉のものがあったことが知られる。

籩豆と手食

「籩豆」の「籩」は、竹製の高坏《たかつき》。「豆」は、木製の高坏。『漢書』地理志下の玄菟、楽浪の条に、「其（朝鮮）の田民、飲食には籩豆を以《もち》う。都邑《とゆう》では頗《すこぶ》る吏、及び賈人《こじん》（商人）を放効《ほうこう》し（人の行為を見習う）、往往《おうおう》にして杯器《はいき》を以《もち》いて食す」とある。『後漢書』濊《わい》伝には、「飲食には籩豆を以《もち》う」とみえる。

『漢書』『後漢書』に記されているこれらの「籩豆」は、倭人伝の「籩豆」と同様に一般人が日常にもちいている食器である。『韓非子《かんぴし》』外儲説《がいちょぜい》左上に、「籩豆は、之を捐《すて》よ。……籩豆は食らう所以《ゆえん》なり」とあるのも、普段に使われている食器のことである。ところが『大漢和辞典』に、「祭祀・宴饗に用ひるもの」とあり、中国の『漢語大詞典』に、「古代祭祀及宴会時常用的両種礼器（古代の祭祀と宴会の時に常用される二種類〈籩と豆〉の礼器〈儀式用の器〉）」とあって、ともに祭祀、饗宴用の器物という意味しか説明していない。

『礼記』には、随所に「籩豆」の語句がもちいられているが、その礼器第十に、「大饗《たいきょう》は其れ王事《おうじ》か。三牲魚腊《さんせいぎょせき》は、四海九州《しかいきゅうしゅう》の美味《びみ》なり。籩豆の薦《せん》は、四時《しじ》の和気《わき》なり（大饗は、まことに王者の行事である。そこに供えられる牛・羊・豕の三牲と魚・獣の乾肉は、全天下〈四海九州〉の美味であり、籩豆に盛られた供え物は、四季の気候にかなったものである）」とある「籩豆」は、祭祀の場でもちいられた器物である。他方、同じく礼器第十に、「天子、諸侯に適《ゆ》くに、諸侯、膳《ぜん》に犢《とく》を以てす。諸侯、相朝《あいちょう》するに、灌《そそ》ぐに鬱鬯《うっちょう》を用《もち》いて、籩豆の薦《せん》無し（天子が諸侯のところに行くと、諸侯は、食物に子牛の肉を天子にさしあげるが、諸侯どうしの訪問では、香酒をもちいるが、籩豆に盛った子牛の肉などの食物はださない）」とある「籩豆」は、饗宴の場でのものである。

なお倭人の食飲にもちいていた「籩豆」のくだりについて、『晋書』倭人伝には、「食飲には俎豆《そとう》を用《もち》う」とあって、「籩豆」にかえて「俎豆」と表記している。『梁書』倭伝、『南史』倭国伝には、ともに「食飲には籩豆を用う」とある。なお「俎豆」の用例は、『魏志』夫余伝に、「食飲には皆、俎豆を用う」とあり、また『後漢書』夫余伝に、「食飲には俎豆を用う」とみえる。さらに『魏志』挹婁《ゆうろう》伝に、「東夷の飲食の類《たぐい》には、皆、俎豆を用う。唯《ただ》、挹婁は、しからず」とあり、『後漢書』挹婁伝には、「東夷の夫余の飲食の類は、此れ皆《みな》、俎豆を用う。唯、挹婁は、独《ひと》り無し」とある。

倭人伝の「食飲には籩豆を用い、手食す」に相当する文を、『後漢書』倭伝は、「飲食には手を以てし、籩豆を用う」に作り、『隋書』倭国伝も、「食するには手を用《もち》いて之を餔《く》らう」としていて、いずれも「手食」という語句をもちいていない。

手でもって食べることを「手食」という語句で表現するのは、きわめて、まれであるらしく、『佩文韻府《はいぶんいんぷ》』食の項の「手食」には、「魏志倭人伝、狗奴国の人、朱丹を用いて其の身体に塗る。食飲には籩豆を用い、手食す」とあって倭人伝のものを用例としてあげるだけである。ただし右の倭人伝の引用は、「狗奴国の人」の習俗とするなど正確さに欠けている。

棺有れども槨無し

「棺」は、死体をじかに収納する箱で、内棺という。「槨」は、「椁《かく》」とも書き、死体を納めた棺をめぐらす外箱《そとばこ》。外棺ともいう。

『孝経』喪親章第十八に、「之が棺椁《かんかく》、衣衾《いきん》を為《つく》りて之を挙《おさ》め、其の簠簋《ほき》（供え物の穀物を盛る器）を陳《つら》ねて、之を哀感《あいかん》し、擗踊《へきよう》（悲しみに声をあげて泣き、胸をうち、地をけって、踊りあがること）、哭泣《こっきゅう》（泣きさけぶこと）し、哀《かなし》みて以て之を送り」とある文中の「棺椁」に後漢の鄭玄《ていげん》（一二七〜二〇〇）が注して、「尸《しかばね》を周《めぐ》らすを棺と為し、棺を周らすを椁と為す」と記している。

『晋書』倭人伝は、「死には、棺有れども椁無し」とし、『梁書』倭伝には、「其の死には、棺有れども椁無し」とあって、倭人伝とは違い、いずれも「槨」を「椁」の字に作っている。この用字、表現は、『論語』先進第十一に、「棺有りて椁無し」とあるのに通ずる。これは、顔淵（顔回、前五一四〜四八三）の死にあたって、孔子が葬儀について語った言葉のなかにあるものであって、『史記』仲尼弟子伝にも、「顔回死す。……孔子曰わく、材も不材も、亦《また》各々其の子と言うなり。鯉《り》（孔子の子伯魚《はくぎょ》）や死す。棺有りて椁無し」云々とある。

　死体を棺に納めるけれども、槨はないという倭人の習俗は、当時の遺跡の考古学調査によっても裏づけられている。ところが朝鮮半島では、『魏志』夫余伝に、「厚葬《こうそう》にして、槨有れども棺無し」、東沃沮《とうよくそ》伝に、「其の葬《ほうむ》るには、大木《たいぼく》の槨を作る。長さ十余丈、一頭《いっとう》（一方の端《はし》）を開きて戸《とびら》を作る。新《あら》たに死する者は、皆《みな》、仮《かり》に之《これ》を埋《う》め、才《わず》かに形《からだ》を覆《おお》わ使《し》む。皮肉尽《つ》くれば、乃ち骨を取りて槨中に置く。家を挙《あ》げて皆《みな》、一槨《いっかく》に共にし、木を刻みて生きたる形《すがた》の如くし、死者に随って数を為《もち》う」とあり、さらに韓伝に、「其の葬《そう》は槨《かく》有れども棺無し」とあって、いずれも死体を納める槨はあるが、棺がなかったことを伝えている。これは倭人の墓制とは、まったく逆のあり方であるのに注意しなければならない。『後漢書』夫余伝にも、「死には、則ち椁有れども棺無し」とあり、また東沃沮伝にも、「其の葬るには、大木の椁を作る。長さ十余丈、一頭を開きて戸《とびら》を為《つく》る。新たに死する者は、先《ま》ず仮《かり》に之を埋《う》め、令《も》し皮肉尽くれば、乃ち骨を取りて椁中に置く。家人皆、一椁《いっかく》を共にし、木を刻みて生きたる如くし、死者に随って数を為《もち》う」と記している。

倭人伝とは違って、『北史』倭国伝、および『隋書』倭国伝には、ともに「死者は、斂《おさ》むるに棺槨を以てし」とあり、墓制に進展のあったことを物語っている。

土を封じて冢を作る　「土を封じ」、すなわち原文の「封土」は、土を高く盛りあげること。後漢の班固《はんこ》（三二～九二）撰の『白虎通』社稷《しゃしょく》に、「土を封じて社を立つ」の用例がある。

『周礼』春官、序官の「冢人《ちょうじん》」の鄭玄《ていげん》（一二七～二〇〇）注に、「冢は、土を封じて丘《きゅう》壟《ろう》（墳墓）を為《つく》る。冢《つか》（塚）を象《かたど》って之を為《つく》る」とある。『礼記』曲礼《きょくらい》上第一に、「墓に適《ゆ》けば壟《ろう》に登らず」とある「壟」の語に、同じく鄭玄は、「壟は、冢なり」と注をつけている。

『晋書』倭人伝には、「土を封じて冢を為《つく》る」とあり、『梁書』倭伝、および『南史』倭国伝には、ともに「土を封じて冢を作る」とある。

なお『魏志』東夷伝の高句麗伝には、「石を積みて封と為し、松柏《しょうはく》を列《なら》べ種《う》う」とあり、また『後漢書』高句麗伝には、「石を積みて封と為し、亦《また》、松柏を種《う》う」とある。墓制について記すのは、「東夷」のうち倭人の場合と高句麗の伝だけである。

葬送の習俗

「停喪」は、人の死後、遺体を棺に納め、殯《もがり》（あらき）をして埋葬しないこと。『晋書』賀循《がじゅん》伝に、「（循）後に武康《ぶこう》（浙江省呉興県の南）の令《れい》（県令）と為る。俗に厚葬多し。及《ならび》に拘忌《こうき》（忌みはばかること）有りて廻避《かいひ》し、歳月をも停喪して葬《ほうむ》らず。（賀）循は、皆禁ず」とあって、武康の地方に「停喪」の習俗があったことを伝えている。

下文の「歌舞飲酒す」までは、殯のようすが記述されている。『古事記』上巻には、天《あめの》若日子《わかひこ》の死にあたって、「乃ち其処《そこ》に喪屋《もや》作りて、河鴈《かわかり》は岐佐理持《きさりもち》とし、鷺《さぎ》は掃持《ははきもち》とし、翠鳥《そに》は御食人《みけひと》とし、雀《すずめ》は碓女《うすめ》とし、雉《きぎし》は哭女《なきめ》とし、如此《かく》行い定めて、日八日夜八夜《ひようかよやよ》、以《も》ち遊びき」とあって、殯のもようを記している。『日本書紀』神代下、第九段には、天若日子を天稚彦と表記し、「天稚彦が妻下照姫《したでるひめ》、哭《な》き泣《いさ》ち悲哀《かなし》びて、声天《こえあめ》に達《きこ》ゆ。……則ち夫《か》の天稚彦の已《すで》に死《かく》れたることを知りて、乃ち疾風《はやち》を遣わして、尸《かばね》を挙げて天《あめ》に到さしむ。便ち喪屋を造りて殯《もがり》す。即ち川鴈を以て、持傾頭者《きさりもち》、及び持帚者《ははきもち》とし、……又雀《またすずみ》を以て舂女《つきめ》とす。〈一に云く、……鷦鷯《さざき》を以て哭者《なきめ》とす。……〉而して八日八夜《やかやよ》、啼《おら》び哭《な》き悲《かなし》び歌《しの》ぶ」とあり、また同段一書の第一に、「時に、天稚彦が妻子《めこ》ども、天《あめ》より降《くだ》り来て、柩《かばね》を将《も》て上《のぼ》り去《ゆ》きて、天にして喪屋《もや》を作りて殯《もがり》し哭《な》く」とあって、死去から葬送までの殯のようすが知られる。この神話伝承は、倭人伝の葬送習俗の記述の裏づけとなる。

「肉を食わず」と同様な表現は、『礼記』檀弓《だんぐう》下に、「弔《とむらい》を行なう日には、酒を飲み肉を食わず」とみえる。

「喪主は哭泣し」の「哭泣」の語句は、上に引用した『日本書紀』神代下、第九段の天稚彦の死にあたって妻の下照姫が悲しむ記事に、「哭泣」（哭《な》き泣《いさ》ち）とある。中国の古典では、『礼記』に、しばしばみられ、曲礼《きょくらい》下に、「祭祀の礼、喪《も》に居るの服、哭泣の位《くらい》（次第《しだい》）、皆《みな》、其の国の故《もと》の如くし」とあり、檀弓上に、「哭泣の哀《かな》しみ、斉斬《しざん》（母のための喪服である斉衰《しさい》と、父のための喪服である斬衰《ざんさい》のこと）の情」とみえ、檀弓下には、「身喪《ほろ》び、父死して、哭泣の哀《あい》に与《あずか》るを得ず」とある。さらに問喪《もんそう》に、「故に哭泣辟踊《へきよう》し、哀《かな》しみを尽《つ》くして止む。……故に哭泣時《とき》無く、勤《つとめ》に服《つ》くこと三年なるは、思慕《しぼ》の心、孝子の志なり、人情の実《まこと》なり」とある。ここにでてくる「哭泣辟踊」の語句は、「辟（擗）踊哭泣」とも言い、『孝経』喪親章に、「其の簠簋《ほき》（穀物を盛る祭器）を陳《つら》ねて、之を哀感し、擗踊哭泣し、哀《かな》しみて以て之を送り」とある。『淮南子《えなんじ》』主術訓にも、「辟踊哭泣するは、哀《かな》しみを諭《あき》らかにする所以《ゆえん》なり」とみえる。『礼記』檀弓下にある「辟踊は、哀《あい》の至りなり」とは、はなはだしく悲しんで、胸をうち跳《は》ね踊ることは、哀悼《あいとう》の情をあらわす極《きわ》みであるということである。

歌舞飲酒す

葬儀の場合ではないが、『魏志』東夷伝には、祭祀の場合の「歌舞飲酒」について、夫余伝に、「殷の正月を以て天を祭る。国中は大いに会して連日、飲酒歌舞す。名づけて迎鼓《げいこ》と曰う」とあり、濊《わい》伝に、「常に十月の節を用《もつ》て天を祭り、昼夜、飲酒歌舞す。之を名づけて舞天《ぶてん》と為す」とあり、さらに韓伝の馬韓の条に、「常に五月を以て種《たね》を下《お》ろし、訖《おわ》れば鬼神《きしん》を祭り、群聚して歌舞飲酒し、昼夜休むこと無し」とある。

水中での澡浴

このあたりの文章を『晋書』倭人伝は、「初《はじ》め喪《も》には、哭泣し、肉を食わず。已に葬《ほうむ》れば、家を挙《あ》げて水に入り、澡浴して自ら潔《きよ》め、以て不《ふ》祥《しょう》を除《はら》う」としている。したがって倭人伝の「已に葬れば、家を挙げて水中に詣りて澡浴し、以て練沐の如くす」とは、水浴して死の汚れを洗い清め、不祥を祓《はら》う習俗なのであった。

こうした習俗は、死せる伊邪那美命《いざなみのみこと》を黄泉国《よみの》に訪れた伊邪那岐命《いざなきのみこと》が、その国から追い帰されて、竺紫《つくし》の日向《ひむか》の橘《たちばな》の小門《おど》の阿波岐原《あはきはら》で「禊《みそ》ぎ祓《はら》い」したという神話について、『古事記』は、「初めて中つ瀬に堕《お》り、迦豆伎《かずき》て（水中にもぐって）、滌《すす》ぎたまう」と記し、また「次に水の底に滌く時」「中に滌ぐ時」「水の上に滌ぐ時」などと、「水中に詣りて澡浴し」たありさまを具体的に記している。

この「禊ぎ」の神話を『日本書紀』神代上、第五段、一書の第六は、「吾が身の濁穢《けがらわしきもの》を滌《あら》い去《う》てむとのたまいて、則ち往《ゆ》きて筑紫《つくし》の日向《ひむか》の小戸《おど》の橘《たちばな》の檍原《あはきはら》に至りまして、祓《みそ》ぎ除《はら》えたまう。遂に身の所汚《きたなきもの》を盪滌《すす》ぎたまわむとして、乃ち興言《ことあげ》して曰《のたまわ》く」と書きおこし、「中瀬《なかつせ》に濯《すす》ぎたまう」「海の底に沈《かず》き濯《すす》ぐ」「潮《しお》の中に潜《かず》き濯《すす》ぐ」などと、「水中での澡浴」のもようを記している。

練沐の如くす

「練沐」について、「練沐ハ、字書ニ、練ハ小祥服ナリトアリテ、彼ノ国ノ礼ニ、父母ノ喪ニハ一年ヲ過ギテ、小祥ノ祭ヲ行フ時、沐浴シテ練衣ヲ著ルナリ。皇国ノ禊トハ、心バヘ異ナレドモ、コレニ等シキ礼ナキ故ニ、其ノ沐浴スルコトノ似タルニヨリテ、練沐ノ如シト較ベタルナリ」という古い解釈から「中国古代では、父母の一周忌に小祥祭を行い、練衣（ねりぎぬの衣）を着、沐浴した。これを指して『練沐』といっているのであろう」という最近の解釈まで、「練沐」への理解は一致している。

しかし、「練沐」の「練」の字には、『文選』所収の枚乗《ばいじょう》（?～前一四〇）の「七発《しちはつ》」に、「是《ここ》に胷中《きょうちゅう》を澡槩《そうがい》し（洗い清め）、五蔵《ごぞう》（五臓）を灑練《さいれん》して（洗い清めて）」とあるなかの「練」の字に、唐の李善《りぜん》（六三〇?～六八九）が、「練は、なお汰《あら》う（洗う）のごとし」と注しているように、「洗う」の意味もある。

後漢の蔡邕《さいよう》（一三三～一九二）の「琴歌」に、「余心《よしん》（よこしまな心）を練《あら》って、太清《たいせい》（自然の道理）に浸《ひた》り、穢濁《わいだく》を滌《あら》って、正霊《せいれい》（純正な精神）を存《たも》つ」とあって、ここでも、まさしく「練」の字を「洗う」意味としてもちいている。したがって「練沐」とは、身体を清める意もある「洗沐」と同意語である。

『後漢書』倭伝などの葬送記事

『後漢書』倭伝は葬送習俗について、「其の死には停喪すること十余日、家人は哭泣し、酒食を進《ちかづ》けず。而して等類《とうるい》（同族、同輩）は就きて歌舞し、楽《がく》を為《な》す」と記す。

また『北史』倭国伝には、「死者は斂《おさ》むるに棺槨《かんかく》を以てし、親賓《しんぴん》（親戚と弔客《ちょうかく》）は屍《しかばね》に就きて歌舞し、妻子兄弟は白布を以て服を制《た》つ。貴人は三年殯《もがり》し、庶人は日を卜して瘞《うず》む。葬に及んで、屍を船上に置き、陸地に之を牽《ひ》くに、或いは小輿《しょうよ》を以てす」とある。『隋書』倭国伝も、これとほぼ同文。倭人伝に記されている葬送習俗と『北史』『隋書』の倭国伝の記述と、やや相違しているのは、時代の推移によるものであろう。

禁忌の習俗

倭人伝に記されている倭人の習俗で注目されるのは、「持衰《じさい》」と呼ばれている厳《きび》しい禁忌を負わされた人物の存在である。「持衰」のことを伝えている倭人伝の記事は、その読み方に異説が多くある。

其の行来、渡海して中国に詣《いた》るには、恒《つね》に一人を使《し》て頭を梳《くしけず》らず、蟣蝨《きしつ》を去《のぞ》かず、衣服は垢《あか》づき汚《よご》れ、肉を食わず、婦人を近づけず、喪人《そうじん》の如くせしむ。之を名づけて持《じ》衰《さい》と為す。若し行く者、吉善《きちぜん》なれば、共に其の生口《せいこう》、財物を顧《むく》ゆ。若し疾病有り、暴害に遭《あ》えば、便《すなわ》ち之を殺さんと欲す。謂《い》えらくは其の持衰謹《つつし》まずと。

其の行来

「其の行来」を、「来」の字のうえで切って「其の行」と読み、「倭人の一行」、もしくは「倭人の使者」と解する説と、一般的に読まれているように、「其の行来」として、「其の」を語調をととのえるための助辞として、単に「往来」の意味にとるか、または「其の」を倭人を指しているものとして、「倭人の往来」と解釈する説とがある。

「其の行」と読むのがよいとする論者は、その下につづく「来渡海」以下を、どのように読むのか、しめすことをしていないが、あるいは、「其の行、渡海し来り中国に詣るには」とでも読むのであろうか。

このくだりに対応する『後漢書』倭伝の記事には、「行来渡海」とあり、「行、渡海し来るに」と読めないことはないが、文章として、「行来、渡海には」と読むほうが自然な読み方であろう。したがって、倭人伝のこの箇所は、「其の行来、渡海して中国に詣るには」と読んでおいた。なお下文の「其の俗、挙事、行来に」の注を参照。

『後漢書』倭伝にみる「持衰」記事

倭人伝の「持衰」記事に対応する『後漢書』倭伝の記事は、「行来、度海《とかい》には、一人を令《し》て櫛沐《しつもく》せず、肉を食わず、婦人を近づけざらしむ。名づけて持衰と曰《い》う。若《も》し塗《みち》に在りて吉利なれば、則ち雇《むく》ゆるに財物を以てす。如《も》し病疾し害に遭《あ》えば、以て持衰謹まずと為《な》し、便《すなわ》ち共に之を殺す」というものである。

倭人伝が、「一人を使《し》て頭を梳《くしけず》らず」とある箇所を、『後漢書』倭伝は、「一人を令《し》て櫛《しっ》沐《もく》せず」と言いあらわしている。文中にみえる「櫛沐せず（髪をくしけずり、湯あみをしない）」という語句の用例には、『晋書』庾闡《ゆせん》伝に、「母、兄の肇《ちょう》が楽安の長史と為るに随い、項城に在り。永嘉の末（三一二ころ）、石勒《せきろく》が為に陥《やぶ》らる。闡の母、亦《また》没《し》ぬ。闡は櫛沐せず、婚宦《こんかん》（結婚と仕官）せず、酒肉《しゅじく》を絶つこと、垂《ほと》ど二十年、郷親《きょうしん》之を称《ほ》む」があり、また『周書』荊可《けいか》伝に、「母を葬るの後、遂に墓の側《かたわ》らに廬《やど》り、昼夜悲哭《ひこく》し、土を負《お》い成す。蓬髪《ほうはつ》して櫛沐せず、菜食し水を飲むのみ」がある。『北史』荊可伝には、これとほぼ同文を載せているが、「蓬髪して櫛沐せず」のところを「蓬髪して櫛《くしけず》らず」に作っている。

蟣蝨の慣用句

「蟣蝨」は、シラミ（虱）のこと。「蟣蝨」についての古くから常用されている語句は、「甲冑《かっちゅう》に蟣蝨を生じ」、あるいは「介冑《かいちゅう》（よろいかぶと）に蟣蝨を生じ」というものである。

それがもちいられているもっとも古いものと思われるのは『韓非子《かんぴし》』喩老《ゆろう》に、「天下に道無く、攻撃して休《や》まず。相《あい》守りて数年已《や》まざれば、甲冑に蟣蝨を生じ、鷰雀《えんじゃく》は帷幄《いあく》

（陣中の幕舎）に処《お》りて、兵は帰らず」とみえる例である。『史記』主父偃《しゆほえん》伝には、「介冑に蟣蝨を生じ、民は告愬《こくそ》（うったえる）する所無し」とある。『漢書』厳安《げんあん》伝にも、「介冑に蟣蝨を生じ」云々とある前後の文章は、『史記』主父偃伝のものとまったく同じである。また『後漢書』朱浮《しゆふ》伝に、「姦党《かんとう》、日に増し、連年、拒《ふせ》ぎ守る。吏士、疲れ労《つか》しみ、甲冑に蟣蝨を生じ、弓弩《きゆうど》、弛《ゆる》むを得ず」とみえ、さらに『呉志』諸葛恪《しよかつかく》伝に、「空《むな》しく出て楚《そ》を攻め、身に創痍《そうい》（かたなの傷）を被《お》う。介冑に蟣蝨を生じ、将士、困苦《くる》を厭《いと》う」とある。

「甲（介）冑に蟣蝨を生じ」は、長期の戦場での苦しみを表現する慣用句であるが、身体の蟣蝨を取り除くことのできない苦しみに耐えるのも「持衰」の重要な役割であった。

喪人とは

「喪人」には、地位を失って他国にある者の意味と、喪に服している人という意味がある。前者の用例として『礼記』檀弓《だんぐう》下に、「舅犯《きゆうはん》曰く、孺子《じゆし》其れ辞《じ》せよ。喪人《そうじん》は宝無し。仁親《じんしん》以て宝と為す」とあるのがあげられる。倭人伝の「喪人」を「死人」と解釈するのは誤りである。倭人伝の「喪人」が喪に服する人のことであることは、倭人伝の「頭を梳《くしけず》らず」「肉を食わず」、『後漢書』倭伝の「櫛沐《しつもく》せず、肉を食わず」という禁忌が、死去した母の喪に服したことを記す『晋書』庾闡《ゆせん》伝に、「櫛沐せず、……酒肉を絶つ」とあり、『周書』荊可《けいか》伝に、「蓬髪して櫛沐せず、菜食し水を飲むのみ」とあることからも確かめられる。『礼記』閒伝に、「斉衰《しさい》（喪服五等のうちの二位の服〈を着る人〉）の喪《も》には、疏食水飲《そしすいいん》して、菜果《さいか》を食わず」とあるのを参照。つまり倭人伝の「喪人の如くせしむ」は、「持衰」が、喪に服しているようにさせるということを述べている。

持衰の意味

「持衰」の「衰」は、喪服《もふく》。「持」には、身につける意味もあるから、「持衰」とは、喪服をつけた人のことを言うのであろう。

「持衰」は、倭人伝に記されている独得の語句のようであるが、前項に述べた「喪人」のこととかかわらせてみれば、理解がつきやすい。

吉善と吉利

「吉善」は、普通、吉祥、すなわち「めでたいしるし」「よいきざし」などと同じ意味とされているが、ひろくは、「調子よくことが運ぶ」「うまくゆく」と解されている。

「吉祥」の意の用例としては、『南斉書』王敬則伝に、「敬則、初め都を出《い》でて、陸主山《りくしゅさん》の下《ふもと》に至る。宗侶《しゅうりょ》（多くの仲間）の十余船は、同《とも》に発《た》つ。敬則の船は独《ひと》り進まず。乃ち弟を令《し》て水に入り之を推《お》さしむるに、一つの烏漆《くろうるし》の棺を見る。敬則曰《いわ》く、爾《それ》は凡器《ぼんき》に非《あら》ず。若し是れ吉善ならば、船を使《し》て速く進ましむ。吾《われ》、富貴《ふうき》（貴重なもの）として、当《まさ》に改めて爾《それ》を葬らむと。船、須臾《しゆゆ》にして去《ゆ》く。敬則、既にして県に入る。此の棺を収めて葬《ほうむ》る」とあるのがあげられる。

「吉善」は、「幸運」の意味もあるから「うまくゆく」という解釈ができる。『後漢書』倭伝での「吉利」も「吉祥」「幸運」の意味であり、「吉善」と同類語である。『易林』蒙《もう》之《の》第四、姤《こう》に、「家を挙げて歓《よろこ》びを蒙《こうむ》り、吉利にして殃《わざわ》い無し」とあるように、「吉利」の用例がみえる。後漢の永康元年（一六七）環状乳神獣鏡銘に、「大吉利」とある。

生口の実像

「生口」とは、捕虜、奴隷、家畜などを指す。倭の「生口」に関しては、『後漢書』倭伝に、「安帝の永初元年（一〇七）、倭の国王帥升等、生口百六十人を献じ、請見を願う」とあるのが、もっとも古く倭の「生口」のことを語る記事。

倭人伝には、ここでの記事のほか、下文に、「汝《なんじ》の献ずる所の男生口《だんせいこう》四人、女生口六人」とみえ、また「男女の生口三十人を献上し」とある。ここでの「持衰」にかかわる「生口」記事以外は、『後漢書』倭伝のものをはじめ、すべて倭王から中国の皇帝に献上されているのが注目される。したがって無事に航海がなされた場合に「持衰」に報酬《ほうしゆう》としてあたえられた「生口」も、いずれ中国皇帝に献上されるための「生口」とともに、あらかじめ船に乗せられていたもののうちから分与された、特別に「価値」のあるものであったであろう。

倭人伝の「生口」は、戦争による捕虜か、もしくは階級分化、もしくは連座によって没収されたことによる奴婢か奴隷か不分明である。捕虜が奴隷にされたであろうから階級分化や犯罪によって没収されて奴隷となったものと截然《せつぜん》と区別することはできない。

古代中国の史書にみえる「生口」で、『漢書』韓安国《かんあんこく》伝に、「安国、材官《ざいかん》将軍（騎射の官）と為《な》り、漁陽《ぎょよう》に屯《たむろ》す。捕《とら》えし生口の虜《えびす》が言《い》う、匈奴《きょうど》は遠くに去ると。即ち上言して、方《まき》に佃作《でんさく》の時なり。請《こ》うらくは且《しばら》く屯《たむろ》するを罷《や》めんと」とあり、また同書の李陵《りりょう》伝に、「陵が匈奴に在ること歳余にして、上《きみ》（天子）は因杅《いんう》将軍（因杅は匈奴の地名）公孫敖《こうそんごう》を遣わし、兵を将《ひき》いて深く匈奴に入り陵を迎えしむ。敖の軍は功無くして還《かえ》りて曰《いわ》く、捕《とら》え得《え》し生口が言《い》う、李陵は単于《ぜんう》に兵《いくさ》を為《な》すことを教え、以て漢軍に備えしむ。故に臣は得る所無しと」とあり、さらに同書の蘇武《そぶ》伝に、「後に陵（李陵）は、復《ふたた》び北海の上《ほとり》に至り、武（蘇武）に、区脱《おうだつ》（漢と匈奴との境界地帯）にて雲中《うんちゅう》で捕え得し生口が言う、太守以下、吏民皆《みな》、白服（喪服）にて、上《きみ》、崩《ほう》じたりと曰うと語る」とある「生口」は、いずれも漢が匈奴と戦って捕虜としたものであった。

他方、あきらかに罪を犯したために奴隷とされたと考えられる「生口」は、倭人伝を収める『魏志』にみられる。すなわち『魏志』華歆《かきん》伝に、「公卿《こうけい》（高位高官の人）には嘗《かつ》て並《とも》に没入《ぼつにゅう》（犯罪人の財産、器物を政府が没収し、罪人を奴婢《ぬひ》とすること）の生口を賜わるも、唯《ただ》、（華《か》）歆《きん》のみは、出《ゆる》して之を嫁《とつ》がす」とあるのは、罪を犯し、財産を没収されて官の奴婢（右の記事では婢）となっていた「生口」の存在を物語っている。

『魏志』賈逵《かき》伝に裴松之《はいしょうし》が『魏略』の楊沛《ようはい》伝を注記引用しているが、その楊沛伝には、「太祖《たいそ》（魏の武帝）曰《いわ》く、善《よ》しと。顧《かえり》みて坐席《ざせき》に謂《い》いて曰く、諸君、此《こ》は畏《おそ》る可きものなり。其の生口十人、絹百匹を賜い、既《すで》に以て励《はげ》まさんと欲す」とある。太祖武帝が、楊沛に賜わった「生口」なので、この「生口」も官の奴婢、奴隷であった。

なお『北史』房謨《ぼうぼ》伝に、「前後、其の奴婢を賜うも、率多《おおむね》、免《ゆる》し放《はな》つ。神武《じんむ》（北斉朝の祖高歓《こうかん》〈四九六～五四七〉）、後に其の生口を賜う。多く黥面《げいめん》し、房の字を為《な》して之に付《つ》く」とある。この記事によると「奴婢」と「生口」とは、それぞれの性格を異にしているように思われる。「生口」が黥面させられているのは、その出自が犯罪人であったことを示唆している。

後漢人の生口

ちなみに後漢朝に、高句麗、穢貊《わいばく》、鮮卑《せんぴ》など異民族との戦いによって漢人が捕虜となり「生口」と称されていたことは、『後漢書』高句麗伝の記事によってわかる。

すなわち高句麗伝に、「明年（後漢の延光元年〈一二二〉）、遂成《すいせい》、漢の生口を還《かえ》し、玄菟《げんと》に詣《いた》り降《くだ》る。詔して曰く、遂成等、桀逆無状《けつぎゃくむじょう》にして、当《まさ》に斬断《ざんだん》（切り殺すこと）、葅醢《そかい》（殺して骨や肉を塩漬けにする刑罰）にすべしと。以て百姓《ひゃくせい》に示す。幸いに赦令《しゃれい》（恩赦）に会い、罪を乞い降《くだ》ることを請《もと》む。鮮卑《せんぴ》、濊貊《わいばく》、連年寇鈔《こうしょう》（かすめとること）し、小民（後漢の人民）を駆略《くりゃく》（駆り立て、かすめとること）す。動《やや》もすれば千数を以てす。而して数十百人を裁《さば》き送り、向化《こうか》の心、非《あら》ざるなり。今自《よ》り已後《いご》、県官、戦闘《せんとう》に与《くみ》せず、自ら以て親《いつく》しみて生口を附送すれば、皆《みな》、贖直《しょくちょく》を与《あた》えん。縑《きぬ》、人ごとに四十匹、小口《しょうこう》（未成年者）には之に半《なか》ばす」とあるのは、前年までの高句麗、穢貊の玄菟への侵攻、および穢貊、鮮卑の遼東、さらには玄菟への侵入によって捕えられた漢人の捕虜を「生口」と称していたことを明確に物語っている。また『後漢書』南蛮西南夷伝、邛都《きょうと》夷《い》の条に、「乃ち軍を進め、封離《ほうり》等と戦い、大いに之を破る。斬首三万余級、生口千五百人、資財四千余万を獲《え》て、悉く以て軍士に賞《たま》わる」とみえ、ここでの「生口」も捕虜のことと解してよい。さらに同書の西羌《せいきょう》伝にみえる「復《また》、兵を放《おこ》し、山谷の間に在る者を撃《う》ち、斬首四百余人、生口二千余人を得る」とある「生口」も同様に捕虜とみなすことができる。

なお『魏志』王昶《おうちょう》伝に裴松之が注に引用している任昭《にんしょう》（瑕《か》）別伝にみえる「生口」は、家畜と解されているので、ここでその記事は、掲げないでおこう。

玉類と草木と動物

倭人伝を載せる『魏志』東夷伝には、「東夷」の諸民族地域産出の玉類、棲息する動物、あるいは植物の生態の状況が記されている。たとえば夫余伝には、「名馬、赤玉《せきぎょく》、貂《ちょう》（てん）、狖《ゆう》（くろざる）、美珠（真珠）を出《いだ》す。珠の大なるは、酸棗《さんそう》（なつめ）の如し」とあり、高句麗伝には、「其の馬、皆《みな》小にして、登山に便なり」とある。挹婁《ゆうろう》伝には、「赤玉、好貂《こうちょう》（立派な貂《てん》）を出す。今の所謂《いわゆる》、挹婁の貂是《これ》なり」とあり、濊伝には、「其の海は、班魚《はんぎょ》（まだらの模様がある魚）の皮を出す。土地には、文豹《ぶんぴょう》（紋様のある豹《ひょう》）饒《おお》く、又《また》、果下馬《かかば》（背丈の低い小形の馬）を出す」とある。また韓伝には、「他に珍宝無し。禽獣、草木は、略《ほぼ》中国と同じ。大栗《だいりつ》を出す。大なること梨の如し。又《また》、細尾鶏《さいびけい》（尾長鶏）を出す。其の尾は、皆《みな》長さ五尺余りなり」とある。また弁辰伝に、「国は鉄を出し、韓《かん》、濊《わい》、倭皆《わみな》従いて之を取る」とあることは、前項「韓国を歴て」のところでふれておいたとおりである。

これら諸伝の記事と、以下にみる倭人伝の記事とを比べてみると、倭人伝のそれは、ひときわ詳しく、特色のあるものとなっているのが注目される。

真珠、青玉を出《いだ》す。其の山には、丹有り。其の木には、柟《だん》、杼《ちょ》、豫樟《よしょう》、楺《じゅう》、櫪《れき》、投《とう》、橿《きょう》、烏号《うごう》、楓香《ふうこう》有り。其の竹には、篠《しょう》、簳《かん》、桃支《とうし》あり。薑《きょう》、橘《きつ》、椒《しょう》、蘘荷《じょうか》有るも、以て滋味と為《な》すことを知らず。獮猴《みこう》、黒雉《こくち》有り。

真珠と青玉と丹

「真珠」は、パールの類。『後漢書』倭伝には、「白珠、青玉を出す」とあって、「白珠」に作る。倭人伝の最末尾に魏への貢物として「白珠五千孔」があげられている。『梁職貢図』倭国使のもとには、「真珠、青玉を出す」とある。『芸文類聚』所引の『広志』逸文には、「青玉は倭国に出ず」とみえる。「青玉」は、硬玉のヒスイ。「玉」は、山中にあるもの、「珠」は、水中にあるものとして、用字が区別されている。『荀子』勧学篇に、「玉、山に在れば、草木潤《うるお》い、淵《ふち》、珠を生ずれば、崖《がけ》枯れず」とあり、『文選』所収、陸機《りくき》（二六一～三〇三）の「文賦《ぶんのふ》」に、「石、玉を韞《つつ》んで山暉《ひかり》あり、水、珠を懐《いだ》いて川媚《うるわ》し」とあるのを参照。この「文賦」の文をふまえたものに、『天工開物』の「玉、韞《つつ》みて山輝《かがや》き、珠、涵《ひた》りて水媚《うるわ》し」がある。

なお「出雲国　造　神賀詞《いずものくにのみやつこのかむよごと》」に、「青玉の水の江《え》の玉」、および『延喜式』臨時祭、「国造奏神寿詞《かむよごと》」条に、「玉六十八枚〈……青石玉卅四枚〉」とあるのは、倭人伝の「青玉」と同類のものであろう。

なお「真珠」のことは、『魏志』東夷伝の末尾に裴松之が注として引用している『魏略』西戎《せいじゅう》伝に、「且蘭《しゃらん》、汜復《しふく》の直南に、乃《すなわ》ち積石《しせき》（山）有り。積石の南に、乃ち大海有りて、珊瑚《さんご》、真珠を出す」とみえる。また「青玉」については、『漢書』西域伝上、莎車《さしゃ》国の条に、「鉄山有り。青玉を出す」とある。

「其の山には、丹有り」の「丹」は、丹砂、朱砂のこと。『書経』禹貢《うこう》に、「厥《そ》の貢《こう》は、羽毛《うもう》、歯革《しかく》（象牙《ぞうげ》と犀皮《さいひ》など）と金三品《きんさんぴん》（金、銀、銅）、杶《ちゅん》（うるしに類する落葉喬木《きょうぼく》）、榦《かん》（やまぐわ）、栝《かつ》（柏槙《びゃくしん》、伊吹《いぶき》、ヒノキ科の常緑喬木）、柏《はく》（かしわ、ブナノキ科の落葉喬木）、礪砥《れいし》（といし）、砮《ど》（鏃をつくる石）、丹なり」とあって、「丹」があげられており、孔穎達《くようたつ》（五七四〜六四八）の疏に、「丹は、丹砂なり」とある。「丹」は、水銀と硫黄《いおう》とが化合《かごう》した赤色の鉱物である。

さまざまな樹木

「枏《だん》」は、「柟」とも表記する。クスノキ科の常緑喬木、楠《くす》の木《き》のこと。『史記』貨殖伝に、「江南は、枏《だん》（くすのき）、梓《し》（あずさ）、薑《きょう》（はじかみ）、桂《けい》（かつら）、金、錫《すず》、連《れん》（鏈、なまり）、丹沙《たんさ》、犀《さい》、瑇瑁《たいまい》、珠璣《しゅき》、歯革《しかく》（象牙と犀皮）を出《いだ》す」とあり、また『荘子』山木篇に、「王、独《そ》れ夫《か》の騰猿《とうえん》（木登りの猿）を見ざるか。其の柟、梓、豫章《よしょう》（くすのき）を得るや、其の枝に攬蔓《らんまん》して、其の間に王長たり」とみえ、『漢書』司馬相如伝上《しばしょうじょ》には、「其の北には、則ち陰林《いんりん》（山の北側の林）、巨樹有りて、楩《べん》（くすのきに類する喬木）、柟、豫章……あり」とあって、「柟」のことが多く記されている。

「杼」は、櫟《くぬぎ》のこと。また櫟の実（どんぐり）の意もある。『荘子』山木篇に、「大沢に逃《のが》れ、裘褐《きゅうかつ》（かわごろもとあさごろも）を衣《き》て、杼《ちょ》、栗《りつ》を食《くら》う」とある「杼」は、櫟、もしくは橡《とち》の実（どんぐり）のことを言い、「杼栗」の熟語は、『説苑』立節に、「冬は、多く山林に処《す》み、杼、栗を食う」とあるように、中国の古典で頻繁にもちいられている。

「豫樟」は、くすの木の一種。また「豫」は、「枕」と同語で、くろぶたの木のことという。「樟」は、「章」とも書き、くすの木。

「豫樟（豫章）」は、前掲した『荘子』山木篇にみえる「柟、梓、豫章」、『史記』司馬相如伝、および『漢書』司馬相如伝上にみえる「楩、柟、豫章」のように用例を多くみることができる。また『山海経《せんがいきょう》』西山経に、「又《また》、西に四百里、厎陽《しよう》之山と曰う。其の木には稷《しょく》（松に似た落葉喬木）、枏、豫章多し」とある。なお「豫樟」の用例を加えれば、『史記』優孟伝に、「楩、楓、豫章は、題湊《だいそう》（棺外に木をかさねること）と為《な》す」、『後漢書』王符伝に、「今は、京師の貴戚《きせき》（貴族のこと）、必ず江南の檽《じゅ》（かしわの木）、梓、豫章の木を欲《ほっ》し、辺遠なるも土《ど》に下《くだ》し、亦競《またきそ》いて相放効《あいほうこう》す（人の行為をまねする）。夫《そ》の檽、梓、豫章は、出《いだ》す所、殊《こと》に遠く、之を高山に伐《き》り、之を窮谷《きゅうこく》（奥深い谷）に引《ひ》き、海に入り淮《わい》に乗り、河に逆《さか》らい洛《らく》に泝《むか》う」とあるのが指摘できる。

「楺」には、木を曲げる意味があるが、北宋の勅撰辞書『広韻《こういん》』には、「木の名なり」とだけあって、具体的な樹名をあげていない。あるいは「楙《ぼう》」の字の誤記で、木瓜《ぼけ》のことかともいう。「楺」は、「楙」の字の異体字ということも考えられる。

「櫪」は、櫟《くぬぎ》のこと。『文選』所載の張衡「南都賦」に、「其の木は、則ち檉《てい》（かわらやなぎ）、楔《せつ》（松に似た木）、櫻《しょく》、槾《ばん》（にんじんぼく）、栢《はく》（かしわ）、杻《ちゅう》（もちの木）、橿《きょう》、楓《ふう》、柙《こう》（香木）、櫨《ろ》（はぜの木）、櫪《れき》、帝女《ていじょ》の桑《そう》（伝説での桑、天帝の女の桑）」とあって、「櫪」のことがみえる。

「橿」は、右に掲げた「南都賦」の樹名のなかにもみえるが、樫《かし》のこと。『山海経』西山経に、「又、西に七十里、英山と曰う。其の上に杻《ちゅう》、橿《きょう》多し」とある。

烏号の伝説

「烏号」とは、烏と弓とにかかわる古伝説による名称である。弓の材料である桑柘《そうしゃ》（くわと山ぐわ）の木が、その伝説とかかわって「烏号」と呼称されるようになったのであろう。

「桑柘」については、『礼記』月令《がつりょう》に、「是《こ》の月（季春《きしゅん》の月〈三月〉）や、野虞《やぐ》（山林原野の管理担当の役職）に命じて、桑柘を伐ること毋《な》からしむ」とあり、『漢書』揚雄伝に、「百姓の膏腴《こうゆ》、穀土《こくど》、桑柘の地を奪《うば》わず」とみえ、『後漢書』衛颯《えいさつ》伝には、「亦《また》、其の政を善《よ》くし、民に種殖、桑柘、麻紵の属を教え、勧めて養蚕、織屨《しょくく》せしむ。民、利益を得るなり」とある。

桑柘をめぐる烏号伝説は、『淮南子』原道訓に、「射《い》る者は、烏号の弓を扜《ひ》き、棊衛《きえい》（美箭を出す地名）の箭《や》を彎《つが》う」とある「烏号」に付した後漢の高誘《こうゆう》の注にみられる。すなわち、「桑柘、其の材は堅《かた》く勁《つよ》し。烏、其の上に峙《とま》り、其の将《まさ》に飛ばんとするに及んで、枝、必ず下に橈《たわ》む。勁《つよ》くして能く巣に復《もど》る。烏、之に随《したが》う。烏、敢《あえ》て飛ばずして、其の上で号呼《ごうこ》（大声で鳴く）す。其の枝を伐り以て弓を為《つく》る。因りて烏号の弓と曰うなり」とある。

さらに桑柘をめぐる烏号伝説には、別の話が伝えられている。それは後漢の応劭《おうしょう》が撰した『風俗通』正失巻二、封泰山禅梁父に、『史記』の封禅書《ほうぜんしょ》から黄帝《こうてい》が龍に乗って天にのぼってしまったとき、ともに天にのぼることができない小臣、百姓《ひゃくせい》は黄帝が落した弓を抱《いだ》いて号呼《ごうこ》したことによって、その弓を「烏号」といったという伝説をあげて、その

「按語《あんご》」で、「烏号の弓とは、柘桑《しゃそう》の林、枝条《しじょう》暢茂《ちょうも》し、烏、其の上に登るに、下に垂《た》れて地に著《つ》く。烏、適《おどろ》きて飛び去るに、後《あと》に従《したが》い撥《は》ねて殺す。取《と》りて以て弓を為《つく》る。因りて烏号と名づくと」と記しているものである。この伝説では、跳《は》ねかえってきた枝が烏を殺してしまったのを見て、桑柘の枝を取って弓を作り、そこで「烏号」と名づけたということになっている。

『史記』封禅書に載せている黄帝にまつわる「烏号伝説」には、烏の話がともなっていない。黄帝をめぐる烏号伝説で「其の弓を烏号と曰う」というのは、『史記』封禅書に、「百姓仰ぎ望むに、黄帝既《すで》に天に上る。乃ち其の弓と胡髯《こぜん》(ここでは天に黄帝を連れ去った龍ののどひげ)とを抱《いだ》きて号《さけ》ぶ」とあるのにもとづいている。『淮南子』原道訓の高誘注が引用している黄帝の烏号伝説の「一説」に、「烏《ああ》、於《ああ》と、号《な》き呼《さけ》ぶ」とあることから察しがつくように、「烏《ああ》」と嘆《なげ》き悲しんだことが原型であって、「ああ」という「烏」の字が鳥類のカラスとして話のなかに入りこみ、また弓の材料である桑柘の木が、カラスと結びつき、黄帝をめぐる烏号伝説から鳥類のカラスと桑柘の木の特性とが加わった伝説へと変化したのである。そして桑柘の別称として倭人伝の記述のように「烏号」の名称が生じたと考えられる。

楓　香

「楓香」は、カエデ科カエデ属の落葉喬木。楓《かえで》、楓木、楓樹に同じ。『爾雅』釈木の「楓、欇欇《せつせつ》（楓のこと）」について晋の郭璞《かくはく》（二七六～三二四）の注に、「楓樹は、白楊《はくよう》に似て、葉は円《まる》くして岐《わか》る。脂《やに》有りて香《かお》る。今の楓香是《これ》なり」とある。晋の嵆含《けいがん》の『南方草木状』楓香の条にも、「楓香樹は、白楊に似て、葉は円《まる》くして岐分《わか》る。脂《やに》有りて香る」とある。

唐の杜甫（七一二～七七〇）の詩「南池」に、「独《ひと》り嘆《たん》ず楓香の林」とあって、「楓香」の語句を詩に詠みこんでいる。

篠と簳と桃支

「篠」「簳」「桃支」は、いずれも竹の類。「篠」は、細くて矢を作るのに適した竹。篠竹《しのだけ》、雌竹《しちく》のこと。「簳」は、幹の細い竹で、これも矢を作るのに適した小竹である。

『文選』所載の張衡《ちょうこう》（七八～一三九）の「南都賦」に、「其の竹には、則ち籦籠《しょうりょう》（笛を作るのに適した竹）、䈽《きん》（皮の白い竹）、篾《べつ》（わりだけ）、篠《しょう》、簳《かん》、箛《こ》（笛を作るのに適した竹）、箠《すい》（鞭《むち》の材料となる竹）あり」とあって、「篠」「簳」の竹類もあげられている。「篠」の上に記されている「篾」は、「桃枝（支）」ともいう。

倭人伝にみえる「桃支」は、「桃枝」と同じで、「篾」のことである。「桃枝」ついては、

『山海経』西山経に、「又、西に三百二十里、嶓冢《はちょう》之山と曰う。漢水が出《いで》て、東南に流れ沔《べん》に注《そそ》ぐ。北流して湯水《とうすい》に注ぐ。其の上《ほとり》に桃枝、鉤端《こうたん》多し」とみえる。「桃枝」の下にあげられている「鉤端」は、「笱篅」とも書き、「桃枝」の属という。

「桃支」は、弓や杖を作り、辟邪にもちいたという。「篾」を「桃支（枝）」と称したのは、悪気を祓うのにもちいた弓や杖を桃の枝で作ったことから発して、竹類の「篾」で作った弓や杖にも「桃枝」の称が転用され、「篾」の別称となったのであろう。

「薑」は、生姜《しょうが》。「薑《きょう》」の字と同じ。『玉篇』の「薑」の項に、「辛《から》くして葷《くさ》からず」とある。

薑と橘など

「橘」は、柑子《こうじ》。ミカン科の常緑小喬木。果実は酸味が強い。この「橘」は、在来種。『古事記』垂仁天皇段の多遅摩毛理《たじまもり》の「登岐士玖能迦玖能木実《ときじくのかくのこのみ》」将来伝承に、「是《これ》、今の橘なり」、『日本書紀』垂仁天皇九十年二月条の田道間守《たじまもり》の「非時香菓《ときじくのかくのみ》」将来伝承に、「今《いま》、橘と謂《い》うは是《これ》なり」、『続日本紀』天平八年十一月丙戌条に、「橘は菓子《くだもの》の長上《ちょうじょう》にして、人の好む所なり」などとある「橘」は外来種。このほうの「橘」は、『書経』禹貢に、「厥《そ》の包《しげ》れるは、橘と柚《いう》（ゆず）なり」、『漢書』司馬相如伝上に、「其の北には、則ち陰林（山の北側の林）、巨樹有りて、……桂《けい》（かつら）、椒《しょう》（さんしょう）、木蘭《もくらん》（あららぎ）、檗《はく》（きはだ)、離《り》(梨《り》に通じ、やまなし〈山梨〉)、朱楊《しゅよう》(赤い幹のかわやなぎ)、樝《さ》(こぼけ)、梨《り》(なし)、楧《えい》(さるがき)、栗《りつ》(くり)、橘《きつ》、柚《ゆう》の芬芳《ふんぽう》(よい香り)たるあり」とあるなかの「橘」に類する。ちなみに『荘子』天運篇に「三皇五帝の礼義法度を譬《たと》うれば、其《そ》れ猶《なお》、柤《さ》(樝)、梨《り》、橘《きつ》、柚《ゆう》のごときか。其の味は相い反するも、皆《みな》、口に可《よ》し」とあって、樝《さ》(柤)と梨、橘と柚との味が相い反するものの譬えにもちいられていることがわかる。

「椒」は、ミカン科の落葉低木である山椒《さんしょう》。『山海経』中山経に、「又《また》、東南二百里、琴《きん》鼓《こ》之山と曰う。其の木には、穀、柞《さく》(イイギリ科のくすどいげ)、椒《しょう》、柘《しゃ》(山ぐわ)多し」とみえ、郭璞は、「椒」に「椒は樹小に為《し》て、叢《むら》がり生《は》ゆ。下に草木有れば、則ち蘊死《かくし》す(虫に刺れて枯れる)」と注している。『詩経』唐風の「椒聊《しょうりょう》」に、「椒聊の実、蕃衍《はんえん》して升《ます》に盈《み》つ」、「椒聊の実、蕃衍して匊《きく》(両手)に盈つ」などと「椒」のことが謡われている。「椒」の下の「聊」の字は、単なる接尾語であって、「椒聊」は、山椒《さんしょう》のことである。

「蘘荷」は、茗荷《みょうが》のこと。『史記』司馬相如伝、および『漢書』司馬相如伝上に、「茈薑《しきょう》(紫色の生姜)、蘘荷《じょうか》、葴《かん》(おおあい、苦菜《にがな》)、橙《とう》(だいだい、かぶす)、若蓀《じゃくそん》(香草)」とあって、「蘘荷」のことがみえる。

『文選』所載の晋の潘岳《はんがく》(二四七~三〇〇)「閑居賦」に、「蘘荷は、陰に依り、時藿《じかく》(豆の葉）は、陽に向《む》く」とみえる「蘘荷」に唐の李善《りぜん》（六三〇？～六八九）が、晋の崔豹《さいひょう》撰『古今注』の「蘘荷は、菜にして薑《きょう》に似たり。陰翳《いんえい》（日かげ）の地を宜《この》み、陰に依りて生《は》えるなり」という記事を注に付している。

滋味と為すことを知らず

「滋味」には、「よい味《あじ》わい」「味のよい物」「滋養になるもの」などの意味があげられるが、倭人伝の「滋味と為すことを知らず」の現代語訳は、「食べればおいしいことを知らない」「それらの料理法をしらない」「滋味ある食物として利用することを知らない」など、さまざまである。これらの訳文のうち「滋味ある食物として利用することを知らない」が、妥当な訳であろうが、もっとわかりやすくいえば、「よい味にすることを知らない」ということになる。つまり「薑」「橘」「椒」「蘘荷」は、いずれも香辛料であるから、それらを調味料にもちいて、よい味にすることを知らないと述べているのである。かつて「その薬味としての用法を、十分に利用することを知らなかったこと」と解釈した説が正しかったのである。

獮猴と黒雉

「獮猴」は、猿《さる》の一種のおおざる。猱《どう》、沐猴《もくこう》ともいう。顔面は赤色、身体の上部は灰褐色、腰部以下は橙黄色で、毛に光沢がある。頰《ほお》のなかに食物をふくむ嗛《けん》があり、臀部《でんぶ》には紅色の疣《ゆう》（いぼ）が露出し、尾は短い。

『楚辞《そじ》』所載の淮南の小山王作「招隠士《しょういんし》」に「獼猴《みこう》、熊羆《ゆうひ》」とみえる。『抱朴子』内篇巻之三、対俗には、「獼猴は、寿八百歳にして、変じて猨《えん》と為り」とある。また『詩経』小雅、魚藻之什《ぎょそうのじゅう》の「角弓《かくきゅう》」に、「猱《どう》に木に升《のぼ》ることを教えること毋《なか》れ」とある「猱」に、三国呉の陸璣《りくき》が、その書『毛詩草木獣虫魚疏』に、「猱は獼猴なり。楚人は、之を沐猴《もくこう》と謂《い》う」と注記している。

「黒雉」は、胸の羽毛が黒い雄《おす》の雉《きじ》。羽毛の黒色は、正確にいえば緑黒色である。ちなみに雌《めす》は、淡黄褐色。こうした雉は、日本特産といわれ、ニホンキジと呼称されている。しかし、「黒雉」と記されている雉は、古代の越裳《えつしょう》（越常《えつしょう》）国（今のベトナムの南部アンナン〈安南〉の地にあった国）の中国天子への献上品のなかにみられる。すなわち『漢書』平帝紀、元始元年（西暦一）春正月条に、「越裳氏、訳を重ねて白雉一、黒雉二を献ず」とあり、また後漢の王充撰の『論衡《ろんこう》』恢国篇に、「成王の時、越常《えつしょう》、雉を献じ、倭人、暢《ちょう》を貢す。……漢に至りて、四夷朝貢し、孝平の元始元年、越常、訳を重ねて白雉一、黒雉二を献ず」とある。なお、この恢国篇の記事の前文には、漢の孝平帝朝の祥瑞として、「平帝の白雉、黒雉」があげられ、また後漢の孝明帝朝のそれとして、「孝明の麒麟、神雀、甘露、醴泉《れいせん》、白雉、黒雉、芝草《しそう》、連木《れんぼく》、嘉禾《かか》」があげられている。これらの記事にみえる

「白雉、黒雉」は、いずれも越裳国からの献上品である。

王充の『論衡』恢国篇には、右に引用したように「成王の時、越常《えつしよう》、雉を献ず」という伝承がみえるが、この周《しゆう》第二代の王成王《せいおう》の摂政として国務にあたった周公（成王の父武王の弟）にかかわらせて、越裳国が雉を献じたことについて『後漢書』南蛮伝には、「交《こう》阯《し》の南に越裳国有り。周公、摂《せつ》に居《お》ること六年、礼を制《とと》のえ、楽《がく》を作《おこ》し、天下和平《わへい》なり。越裳、三象を以て訳を重ねて、白雉を献ず」とある。これらの記事には、「黒雉」のことはみえないが、晋の崔豹《さいひよう》撰『古今注』巻上、輿服第一には、「周公、治《ち》して太平を致《いた》す。越裳氏、訳を重ねて来り、白雉一、黒雉二、象牙一を貢す」とあって、「黒雉」をも献上したことが記されている。

倭人の社会と支配の構造

卜占と会同坐起と法制

占いの世界

倭人は、占いの世界のなかで日々《ひび》をすごしていた。『古事記』天石屋戸《あめのいわやと》の段に、「天児屋命《あめのこやねのみこと》、布刀玉命《ふとたまのみこと》を召して、天の香山《かぐやま》の真男鹿《まおしか》の肩《かた》を内抜《うつぬ》きに抜きて、天の香山の天の波波迦《ははか》（朱桜《うわずみさくら》のこと）を取りて、占合《うらな》い」とみえる神話によっても、卜占《ぼくせん》に鹿の骨がもちいられたことが知られる。現に弥生時代に行なわれた卜占に使用されたのは、ニホンシカの骨。卜占にかかわる倭人伝の記事は、つぎのようである。

其の俗、挙事《きょじ》、行来《こうらい》に、云為《うんい》する所有《ところあ》れば、輒《すなわ》ち骨を灼《や》きて卜《うらな》い、以て吉凶《きつきょう》を占《み》る。先ず卜《うらな》う所を告《しめ》し、其の辞は、令亀《れいき》の法の如く、火坼《かたく》を視《み》て兆《きざ》しを占《うらな》う。

この記事に関するものは、唐の段公路《だんこうろ》撰の『北戸録《ほくころく》』に引用されている『魏略』逸文に、「倭国、大事には、輒ち骨を灼き、以て卜《うらな》う。先ず中州の令亀の如《ごと》から令《し》め、坼《さ》けるを視て、吉凶を占《み》るなり」とある記事があげられる。『晋書』倭人伝には、「其の大事を挙ぐるに、輒ち骨を灼き、以て吉凶を占《うらな》う」とある。

挙事と行来

「挙事」は、物事をとりおこなうこと。『史記』天官書に、「将《まさ》に其の国を発《た》たんとするに、東に出《いず》れば徳（吉）と為《な》り、挙事せんとするに、之を左にし、之を迎えんとすれば吉なり。西に出ずれば刑（凶）為《な》り、挙事せんとするに、之を右にし、之に背《そむ》かんとすれば、吉なり。之に反《たが》えば、皆《すべ》て凶なり」とあって、「挙事」の語句がみえる。

また『漢書』天文志には、「又《また》、（歳星〈木星のこと〉）東西に去れば、国は凶なり。挙事、用兵をす可《べ》からず」、「甘氏《かんし》（斉の史官で天文家の甘徳）は、其の国は凶なり。挙事、用兵をす可《べ》からずと。（歳星）出《いで》て易《かわ》れば、当《あた》る所の国、是《ここ》に其の殃《わざわ》いを受くと」、「熒惑《けいわく》（火星）と太白（金星）とが合えば、喪と為《な》り、挙事、用兵をす可からず。……辰《しん》（水星）と合えば、則《すなわ》ち北軍《ほくぐん》（敗北の軍）と為り、用兵、挙事すれば、大敗せむ。……一に曰く、火（火星）と水（水星）と合うを、淬《さい》（鉄を鍛《きた》えるため赤熱して水に入れること）と為し、金

（金星）と合うを、鑠《しゃく》（金属を熔《と》かすこと）と為し、挙事、用兵をす可からず。……土（土星）……水（水星）と合うを、雍沮《ようそ》（ふさがれて土に隠《こも》ること）と為し、挙事、用兵をす可からず」とあり、さらに「其（文帝）の七年六月、文帝崩《ほう》ず。其の十一月戊戌《ぼじゅつ》、土（土星）、水（水星）とが危《き》（危宿、水瓶座の星とペガスス座のなかの二つの星とをあわせたもので、「うみやめ」という）に合《あつ》まる。占いに曰う、雍沮《ようそ》と為し、当《あた》る所の国は、挙事、用兵をす可からず。必ず其の殃《わざわ》いを受けむ」、「其（景帝二年）の十二月に至り、水（水星）、火（火星）とが斗《と》（斗宿、南斗、北斗、小斗の三座のうちとくに南斗を斗宿という）に合《あつ》まる。占いに曰う、淬《さい》と為り、挙事、用兵をす可からず。必ず其の殃《わざわ》いを受けむ。一に曰く、北軍（敗北の軍）と為り、用兵、挙事すれば大敗せむ」とある。このように吉凶を占うことに関する記事に、多く「用兵」とならんで「挙事」がもちいられているのは、倭人伝の卜占記事とかかわらせてみた場合に注目させられる。

「行来」については、上文の「其の行来、渡海して」の注を参照。なお「行来」の用例には、『後漢書』方術伝下、計子勲伝に、「計子勲は、何《いず》れの郡県の人か知らず。皆《みな》、数百歳と謂《い》う。人間《じんかん》に行来す」とみえ、また『新唐書』裴度伝の「初め、呉元済《ごげんさい》、道《みち》に偶語《ぐうご》（ふたりで語りあうこと）することを禁じ、夜に燭《とも》すこと然《しか》らず、酒食《しゅしょく》を相《あい》、饋遺《きい》（贈りつかわすこと）すれば、軍法を以て論ずと。（裴）度、事を視《み》て、下《くだ》すに唯《ただ》、盗賊、闘死、抵法《ていほう》（法にふれること）の余《ほか》は、一《すべ》て蠲除《けんじょ》（除き去ること）し、行来は昼夜《ちゅうや》に限《かぎ》らざらしむ。民、始めて生《い》くるの楽《たのし》み有るを知る」という佳話《かわ》のなかに「行来」の用例をみることができる。

云為する

「云為《うんい》」は、物を言い、事を行なうこと。『易経』繋辞《けいじ》下伝に、「是の故に、変化、云為、吉事には祥有り。事に象《かたど》って器を知り、事を占って来《らい》を知る」とあって、「云為」の用例がみえる。

また『漢書』王莽《おうもう》伝中には、「帝王、相改《あいあらた》むるは、各々《おのおの》云為すること有り。或いは其の事を昭《あき》らかにし、或いは其の本《もと》を大にす」とあり、さらに同伝中に、「災異の変には、各々云為すること有り。天地、威《い》を動《ふる》うは、以て予が躬《み》を戒しむ」とあって、「云為」の使用が目立っている。

骨を灼く

さきにも掲げたように、唐の段公路《だんこうろ》撰の『北戸録《ほくころく》』巻二、鶏卵卜の条に引用されている『魏略』逸文に、「倭国、大事には、輒《すなわ》ち骨を灼《や》き、以て卜《うらな》う。先ず中州の令亀の如《ごと》から令《し》め、坼《さ》けるを視《み》て、吉凶を占《み》るなり」とあり、『後漢書』倭伝には、「骨を灼《や》きて、以て卜《うらな》い、用《もっ》て吉凶を決《き》む」とある。これも前掲したように、

『晋書』倭人伝の「其の大事を挙ぐるに、輒ち骨を灼き、以て吉凶を占う」は、『魏略』逸文のものに近い。

令亀の法

「令亀」は、「命亀」と同語であって、吉凶を占うにさいして、卜《うらな》うことを卜人《ぼくじん》に告げ、亀甲《きっこう》を焼き、その裂け目でもって占いをすることをいう。

「令亀」の用例は、『春秋左氏伝』文公《ぶんこう》十八年（前六〇九）の条に、「恵伯《けいはく》、亀《き》に令《れい》す（恵伯、令レ亀）」、「亀に令するものも咎有り（令レ亀有レ咎）」とある文にみることができる。他方、「命亀」のほうは、『礼記』雑記上に、「大夫の喪《も》には、大宗人《たいそうじん》（宮廷で礼を司る官人の長）相《たす》け、小宗人亀に命じ（命レ亀）、卜人《ぼくじん》亀を作《や》く」とあって、亀卜の法のことが記されている。これに類する記事は、『儀礼』士喪礼第十二に、「還《かえ》りて席に即《つ》き、西面して坐し、亀に命じて（命レ亀）興《た》ち、卜人に亀を授けて、東扉を負う。卜人坐して亀を作《や》きて興ち、宗人亀を受く」とみえる。

火坼の「坼」

火坼の「坼」は、さけめ、われめのこと。『周礼《しゅらい》』春官、占人条に、「卜人、坼を占う」とある。「拆」の字も同じ。

倭人伝の「火坼を視て兆しを占う」をつづめて言えば、「坼兆《たくちょう》」という語になる。「坼兆」の用例として、唐の韓愈《かんゆ》（七六八～八二四）の「南山詩」に、「或いは亀《き》の坼兆《たくちょう》の如く、或いは卦《か》の分繇《ぶんよう》（卦兆の占いの辞）の如し」とあるのがあげられる。

会同と酒と寿命

倭人の生活ぶりについて、ここでは会同での坐起の様子、酒をたしなむこと、「大人」に接する人びとの態度、倭人の寿命のことが、簡潔に述べられている。

其の会同の坐起には、父子、男女の別無し。人の性、酒を嗜《たしな》む。〈魏略《ぎりやく》に曰く、其の俗、正歳四節《せいさいしせつ》を知らず、但《ただ》、春耕秋収を計りて、年紀と為す〉。大人《たいじん》の敬《うやま》われる所を見るに、但《ただ》、手を搏《う》ち、以て跪拝《きはい》に当《あ》つ。其の人は寿考にして、或いは百年、或いは八、九十年なり。

会同の坐起

「会同」は、人びとの集まりのこと。会合に同じ。漢語の辞典には、人びとの寄り集まる意味を持つ「会同」の用例としては、比較的新しい文例をあげるにとどまっている。古く周代の制より以来、諸侯が天子に拝謁すること、あるいは諸侯の会合としての「会同」の語の用例としては、『礼記』少儀に、「喪事《そうじ》には哀《あい》を主《しゅ》とす。会同《かいどう》には詡《く》（機敏で勇ましいこと）を主とす」とあること、あるいは『論語』先進に、「宗《そう》廟《びょう》、会同は諸侯に非ずして之《こ》れ如何《いかん》」とあるのがあげられる。

人びとの集まりの意である「会同」の古い使用例としては、倭人伝のほか『魏志』夫余伝に、「会同、拜爵《はいしゃく》（さかずきを戴くこと、すなわち酒宴）、洗爵《せんしゃく》（宴会のこと）には、揖《ゆう》譲《じょう》（会釈《えしゃく》し譲りあうこと）して升《のぼ》り降《くだ》りす（『論語』八佾《はちいつ》に、「揖譲して升り下《くだ》り、而して飲ましむ」とあるのを参照。「飲ましむ」は、酒を飲ませること）」とあり、また『魏志』高句麗伝に、「会同の坐起には、王家の使者、皁衣《そうい》、先人《せんじん》と同列することを得ず」とあるのがあげられる。このように高句麗伝には、倭人伝と同様に、「会同の坐起」の字句がもちいられている。

『後漢書』倭伝には、「唯《ただ》、会同には男女に別無し」とあって、倭人伝の表記とは、やや表現を異にする。ただし『後漢書』夫余伝には、「会同、拜爵、洗爵には、揖譲《ゆうじょう》して升《のぼ》り降《くだ》りす」とあって、『魏志』夫余伝と同文である。『魏志』高句麗伝の「会同の坐起」に相当する文は、『後漢書』高句麗伝には、みえない。

倭人酒を嗜む　「人の性、酒を嗜む」とは、倭人は生まれつき酒を好むということである。この文が、「合同の坐起には、父子、男女の別無し」につづいて記されていることからして、「会同」の席には、つねに酒が振る舞われたことにともなう叙述と考えられる。夫余伝の「会同」記事に、「拝爵」すなわち酒宴のことがならんでみえること、また同伝の「揖譲して升り降りす」の出典と思われる『論語』八佾《はちいつ》の「揖譲して升り下り、而して飲ましむ」が、酒を飲ませることであるのが参考となるであろう。

『魏略』の逸文

「魏略に曰く」として倭人伝に先行する『魏略』の記事を引用したのは、宋の裴松之《はいしょうし》（三七二〜四五一）。この逸文は、「倭人の習俗では、正歳（正月）、四節（四季）を知らないで、ただ春の耕作と秋の収穫の数をかぞえて年数としている」ということ。

「正歳」は、夏時代の暦《か》の正月。「四節」は、「四時《しじ》」に同じで四季のこと。『周礼《しゅらい》』天官、小宰の条の「正歳」に鄭玄《ていげん》（一二七〜二〇〇）は、「正歳は、夏の正月、四時の正を得るを謂う」と注記している。

『魏略』逸文の「其の俗、正歳四節を知らず」云々に類似する記事は、『晋書』倭人伝に、「正歳四節を知らず。但《ただ》、秋収の時を計り、以て年紀と為す」とみえる。

大人とは

「大人」について、下文に、「国の大人は皆《みな》、四、五婦、下戸も或いは二、三婦」とあり、また「下戸、大人と道路に相逢えば、逡巡《しゅんじゅん》して草に入り」とあるように、「大人」は、「下戸」に対する上層階級の人びとの称呼である。

『魏志』東夷伝には、「大人」のことが倭人伝のほか夫余《ふよ》、高句麗、東沃沮《とうよくそ》、挹婁《ゆうろう》の各伝に記されている。夫余伝には、「大人は、狐《こ》、狸《り》、狖《ゆう》（おながざる・黒ざる）、白と黒の貂《ちよう》（てん）の裘《きゆう》（かわごろも）を加ね、金銀を以て帽を飾《かざ》る」とあって、「大人」の服飾のことを伝えている。高句麗伝には、「涓奴部《けんぬぶ》（『魏略』逸文や『後漢書』によると「消奴部《しようなぶ》」が正しい）は、本《もと》、国主なり。今は王と為《な》らずと雖《いえど》も、適統《てきとう》（正統を継ぐ）の大人は、古雛《こすう》加《か》と称することを得《う》」とあって、かつて王となっていた涓（消）奴部は、次第に勢力を失い、王とはならないが、その直系の「大人」は、古雛加の称号をとなえることができるということが記されている。

さらに東沃沮《とうよくそ》伝には、「遂に句麗《くり》に臣属す。句麗は、復《また》其の中の大人を置《とど》め、使者《ししや》（高句麗の九等級の官名のうち第七番目）と為《な》し、相《あい》、主領《しゆりよう》せ使《し》む」とあって、東沃沮の「大人」が、高句麗に臣属したのちにも、領有の地の支配をみとめられたことを伝えている。また挹婁伝には、「人、勇力多し。大君長無く、邑落に各々《おのおの》、大人有り」とあって、挹婁には大首長がおらず、集落に、それぞれ「大人」がいたとしている。

夫余以下の「大人」は、これらの記述からみて、富裕であり（夫余）、かつての「王」であり（高句麗）、領有する地の支配者であり（東沃沮）、大きな勢力を有する首長ではないが、各集落を統率する首長であった（挹婁）ことが知られる。倭の「大人」は、「下戸」の身分の者とは、その記述からみなして地位に、やや隔《へだ》たりがあったものの、高句麗のような、かつての王族のごとき者ではなく、また東沃沮のような領有する地の支配者であったとも思われない。あるいは挹婁のような各集落を統率する首長であったとしてよいか。

烏丸・鮮卑の「大人」

ちなみに『魏志』烏丸、鮮卑伝にも、「大人」をめぐる記載は多い。両伝の「序記」の部分に、「後に鮮卑の大人は軻比能《かひのう》、復《また》、群狄《ぐんてき》を制御し、尽《ことごと》く匈奴《きょうど》の故地を収む」とあるのにはじまり、ついで烏丸伝の冒頭には、「漢の末《すえ》、遼西《りょうせい》烏丸の大人丘力居《きゅうりききょ》、衆《しゅう》（民衆）は五千余落《らく》、上谷《じょうこく》烏丸の大人難楼《なんろう》、衆は九千余落、各々《おのおの》、王を称す。而《しか》して遼東の属国烏丸の大人蘇僕延《そぼくえん》、衆は千余落、自ら峭《しょう》王と称し、右北平《ゆうほくへい》烏丸の大人烏延《うえん》、衆は八百余落、自ら汗魯《かんろ》王と称す。皆《みな》、計策《けいさく》、勇健有り」とあって、各烏丸の「大人」が、多くの集落を支配し、みずから「王」と称していたことを伝えている。さらに同伝には、「幽州《ゆうしゅう》、并州《へいしゅう》の（閻《えん》）柔《じゅう》が統《す》ぶる所の烏丸の万余落と及《とも》に、悉く其の族を徙《うつ》し、中国に居らしむ。其の侯王、大人の種衆を帥従《すいじゅう》し、征伐に与《もち》う」とあることによると、烏丸には「大人」の上に、中国皇帝によって封ぜられた「侯王」が存在していたことが知られる。

また鮮卑伝は、「鮮卑、歩度根《ほどこん》既に立つも、衆は稍《ようや》く衰弱す。中兄《ちゅうけい》（仲兄と同じで、二番目の兄）の扶羅韓《ふらかん》、亦《また》別に衆数万を擁し、大人と為《な》る」という記事からはじまり、歩度根の次兄扶羅韓が、数万の民衆を抱えて、「大人」となったことを伝えている。そして同伝には、「軻比能《かひのう》は、本《もと》、小種の鮮卑なり。勇健にして法を断ずること平端（公平なこと）、財物を貪《むさぼ》らず。衆、推《お》して以て大人と為《な》す」とあって、鮮卑のなかでも小さな勢力である種族の軻比能が、勇敢で、裁定《さいてい》が公平であり、無欲であるために、民衆に推挙されて「大人」となったことが記されており、「大人」が、どのようなことによって、その地位についたかが知られる。

鮮卑の「大人」軻比能については、魏の黄初三年（二二二）のこととして、同伝に、「（軻）比能、部落の大人、小子、代郡烏丸の修武盧《しゅうぶろ》等、三千余騎を帥《ひき》い、牛、馬七万余口を駆《は》せ交市《こうし》（たがいに市場を開くこと）す」とあり、また「後に東部鮮卑の大人素利《そり》、及び歩度根《ほどこん》の三部《さんぶ》（三つの部族）と争闘《そうとう》し、更々相《こもごもあい》攻撃す」とある。そして「（軻）比能の衆は、遂に彊盛《きょうせい》となり、控弦《こうげん》十余万騎なり。毎《つね》に鈔略《しょうりゃく》し財物を得て、均平に分付し、目前にて一決《いっけつ》（きっぱりと決める）す。終《つい》に私《わたくし》する所無し。故に衆の死力を得、余部（ほかの部族）の大人は、皆之を敬《うやま》い憚《はばか》る」とあって、鮮卑の「大人」である軻比能の人柄や勢力について詳細に記述されている。

なお軻比能以外の鮮卑の「大人」について、鮮卑伝に、「素利《そり》、弥加《びか》、厥機《けつき》は、皆《みな》大人為《た》り。遼西《りようせい》、右北平《ゆうほくへい》、漁陽《ぎよよう》の塞外《さいがい》に在り、道遠くして初《はじ》め辺患《へんかん》を為さず。然《しか》れども其の種衆は、（軻）比能於《よ》りも多し」とある。

『魏書』にみる烏丸・鮮卑の「大人」

『魏志』烏丸・鮮卑伝には、裴松之《はいしようし》が注に引用した王沈《おうしん》の『魏書』烏丸・鮮卑伝には、「大人」についての記述を多くみることができる。

まず『魏書』烏丸伝に記されている「大人」のことで注目されるものだけを取りあげてみる。すなわち「常に勇健にして、能く闘訟《とうしよう》、相侵犯《あいしんぱん》を理決する者を推募《すいぼ》して大人と為す」とあり、「大人已下、各自畜牧《かくじちくぼく》、治産《ちさん》（産業に励み収入をふやすこと）し、相徭役《あいようえき》せず」とみえ、また「大人は、能《よ》く弓矢、鞍勒《あんろく》（くらとくつわ）を作り、金鉄を鍛《きた》え兵器を為《つく》り、能く韋《い》（なめし皮）を刺《さ》し（ぬいとる）、文繡《ぶんしゆう》（美しい着物）を作り、氈毼《せんかつ》（毛氈《もうせん》）を織縷《しよくる》す」とある。

これらの記事によれば、烏丸の「大人」は、勇敢で訴訟や侵犯にたいして正しい裁定を行なえる者を選んで、その地位につけるという「共立」の方法を採っていたのである。また「大人」は、牧畜や生業に従事し、武器を製作し、衣服や毛氈を作っていた。その地位は「共立」によるものであり、かつ「大人」以下の者たちと同様に、生業を事とし、生産にあたっていたことに注目すべきであろう。

しかし、「其の約法《やくほう》（取り決めた掟《おきて》）、大人の言《げん》（言い付け）に違《たが》えば死《ころ》し、盗を止《や》めざれば死《ころ》す」とあって、「大人」の命令にそむけば殺されるというからには、「大人」の法的権限にかなりの力があったことが知られる。「大人」に裁定権のあったことは、部落同士《どうし》の争いに決着がつかないときに、「大人に詣《いた》って之を平《き》む（公平に裁決する）」とあることによってもわかる。

こうして烏丸の「大人」は、次第に権力をつよめ、「建武二十五年（四九）、烏丸の大人郝旦《かくたん》等九千余人、衆を率《ひき》い闕《けつ》（朝廷）に詣《いた》る。其の渠帥《きょすい》（首領）を封じて侯王と為《な》す者八十余人」とあるように、後漢の朝廷に詣って、「侯王」に封ぜられる「大人」もあらわれるのである。そして後漢の末年になると、さきにも引用しておいたとおり「遼西烏丸の大人丘力居《きゅうりききょ》、衆は五千余落《らく》、上谷烏丸の大人難楼、衆は九千余落、各々、王を称す」云々と伝えられているように、「大人」は各自、王と称するほど大きな勢力を持つにいたるのである。

他方、『魏志』鮮卑伝に裴松之が注として引用した王沈の『魏書』鮮卑伝には、「建武三十年（五四）、鮮卑の大人於仇賁《おきゆうほん》、種人《しゆじん》（部族民）を率《ひき》い、闕《けつ》（後漢の朝廷）に詣《いた》り朝貢す。於仇賁を封じて王と為す」とあり、また「安帝の時（一〇六〜一二五）、鮮卑の大人燕茘陽《えんれいよう》、入朝す。漢は鮮卑王の印綬《いんじゆ》、赤車参駕《せきしやさんが》（三頭だての赤色のくるま）を賜う」とあるなど、鮮卑の「大人」が後漢の朝廷に詣り、朝貢し、皇帝から王として封ぜられ、印綬を授けられ、「赤車参駕」を賜わるなど優遇されたことが知られる。

『後漢書』烏丸鮮卑伝には、裴松之が『魏志』に注記する右の『魏書』に記されている烏丸、鮮卑の「大人」記事に相当するものが記述されている。上掲の鮮卑の「大人」燕茘《えんれい》陽《よう》の入朝をめぐる『後漢書』鮮卑伝について見てみると、そこには、「安帝の永初中、鮮卑の大人燕茘陽、闕に詣り朝賀す。鄧太后《とうたいこう》、燕茘陽に王の印綬、赤車参駕を賜う」とある。

手を搏ち以て跪拝に当つ

「手を搏ち」の原語「搏手」は、両手を打ちあわせること。唐初の陸徳《りくとく》明《めい》著『経典釈文《けいてんしやくもん》』に、「今の倭人、拝するに、両手を以て相撃《あいう》つ。……蓋《けだ》し古《いにしえ》の遺法なり」とある。「跪拝」は、跪《ひざまず》いて拝《おが》むこと。「大人」への恭敬《きようけい》の礼として、「跪拝」をしないで、単に両手を打ちあわせるだけなのは、倭の「大人」が、一般民衆と隔絶した地位にいなかったことを暗示している。

「跪拝」の用例として、『史記』淮陰侯《わいいんこう》伝に、「(淮陰侯韓《かん》)信《しん》(?~前一九七)が常に樊《はん》将軍噲《しょうぐんかい》(?~前一八九)を過《おとず》るに、噲は跪拝し送迎す」という文、および『魏志』管寧《かんねい》伝に、「親《しん》、饌饋《せんき》を薦《すす》むるに(膳立てした食物をすすめること)、跪拝して礼を成《な》す(礼を立派にする)」とある記事にみられる。

『魏志』高句麗伝に、「自ら名《な》のり跪拝す」とあるのは、高句麗人の婚姻習俗のなかでのことで、壻《むこ》が夕暮れに女家を訪れ、その戸外での行為を伝えるものである。また韓伝には、「跪拝の礼無し」とある。

倭人は長寿

「寿考」とは、長寿、長命のことをいう。「寿考」の用例として、『詩経』大雅、生民之什《せいみんのじゅう》、行葦《こうい》に、「寿考は維《こ》れ祺《めでた》し。以て景福《けいふく》を介《おお》いにす」とあり、『儀礼』士冠礼に、「寿考は惟れ祺し。爾《なんじ》の景福を介《おお》いにす」とあるのがあげられる。

倭人伝のこのくだりに相当する『後漢書』倭伝の記事は、「多くは寿考にして、百余歳に至る者、甚だ衆《おお》し」となっている。『晋書』倭人伝は、「人、多くは寿《じゅ》(ながいきすること)にして、百年、或いは八、九十なり」とし、『梁書』倭伝は、「多くは寿考にして、多くは八、九十に至り、或いは百歳に至る」に作る。

大人と下戸

上文に「大人の敬われる所を見るに」とあって、すでに「大人」についてみてきたが、以下にあげる倭人伝の記事には、はじめて「大人」に対して、「下戸」と呼称される被支配の身分の地位にあるものの存在が明記されている。

其の俗、国の大人は皆《みな》、四、五婦、下戸も或いは二、三婦。婦人、淫《みだ》れず。妒忌《とき》せず。盗窃《とうせつ》せず。諍訟《そうしょう》少なし。

下戸とは

「下戸」とは、「大人」に対する身分的地位の呼称であって、一般被支配民とみなしてよい。

『魏志』東夷伝には、「下戸」のことが倭人伝のほか夫余、高句麗、濊《わい》、韓《かん》の各伝に記されている。夫余伝には、「邑落《ゆうらく》には豪民有り。下戸《げこ》を名づけて皆《みな》、奴僕と為す」とあり、また「敵有《あ》らば、諸加《しょか》は自ら戦い、下戸は倶《とも》に糧を担《にな》いて、之に飲食せしむ」とある。夫余の「下戸」は、奴僕といわれる者であり、また君王のもとに官人として仕える有力者が戦場で闘うとき、「下戸」は、糧食を運び、有力者に食物を供給する役を負わされていたのである。

高句麗伝には、「其の国中の大家は、佃作《でんさく》せず、坐食《ざしょく》する者（働かないで食べる者）万余口。下戸は、遠く米糧、魚塩を担いて之に供給す」とある。また『太平御覧』巻七百八十三、高句麗の条に引用する『魏略』逸文に、「大家は、田作《でんさく》せず、下戸は、賦税《ふぜい》を給《そな》え、奴の如し」とある。これらの記載は、「大人」と「下戸」の社会的な身分地位の違いを明確に伝えている。

さらに『魏志』濊《わい》伝には、「大君長無し。漢自《よ》り已来《いらい》、其の官に侯邑君《こうゆうくん》、三老《さんろう》有りて、下戸を統主《とうしゅ》（統《す》べつかさどること）す」とある。韓伝には、「其の俗は、衣幘《いさく》（衣と頭巾《ずきん》）を好み、下戸、郡に詣《いた》りて朝謁するに、皆《みな》、衣幘を仮る。自ら印綬、衣幘を服するもの千有余人」とあって、韓の「下戸」は、魏の時代になって帯方郡に朝謁する者さえあらわれ、身分的にはともかく、経済的に力をつよめてきつつあったことをしめしている。

大人などの婦女

倭人伝の「国の大人は皆、四、五婦、下戸も或いは二、三婦」にかかわる『後漢書』倭伝の記事は、「国には女子多く、大人は皆、四、五妻を有《も》ち、其の余も或いは両《ふたり》、或いは三《みたり》」となっている。『後漢書』倭伝に、「国には女子多く」という文が、「大人は皆、四、五妻」のうえにあるのは、「大人」に四、五人の妻があり、その余の人びとにも二、三人の妻がいるということから、女子が多いということが導きだされてきたのか。『晋書』倭人伝には、「国には婦女多く」とだけあって、「大人」以下の妻女に関する文はみられない。『梁書』倭伝には、「其の俗、女多く、男少なし。貴は四、五妻に至《およ》び、賤は猶《なお》、両、三妻なり」とあって、女性が多く、男性が少ないという表現にまで記述が発展している。

倭人の「大人」「下戸」の妻のあり方からみて、その妻帯人数にやや違いはあるにしても、社会的にそれほど大きな較差があったとはいえないように思われる。なお『太平御覧』四夷部三、東夷三、日本国の条に、『海南経』に曰わくとして、「南倭、北倭は、倭国に属す。帯方の東の大海中に在り。女を以て王と為す。其の俗、零《わず》かに衣服を結び、針功《しんこう》（縫うこと）すること無し。丹朱を身に塗る。妬忌せず。一《ひとり》の男子に数十の婦」とある。

婦人の性情

倭人伝の「婦人、淫《みだ》れず。妒忌せず」という前半のくだりは、普通、「婦人淫《いん》せず」、あるいは「婦人は淫《みだら》ならず」と訓読されている。ここで「婦人、淫れず」と訓みくだしたのは、倭人伝の上文に「其の風俗、淫れず」とある訓みかたにしたがったのである。『管子』小匡に、「男女、淫《みだ》れず」とあるのを参照。

倭人伝の「婦人、淫れず。妒忌せず」とは逆の記述が『魏志』夫余伝に、「男女、淫れ、婦人、妒《ねた》めば、皆《みな》、之を殺す」とみえる。

「妒忌」の用例として、『漢書』礼楽志に、「人の性、男女の情、妒忌の別《わきま》え有り。為《ため》に婚姻の礼を制《さだ》む」とあるのがあげられる。

なお倭人伝のこのくだりに該当する『後漢書』倭伝の記事には、「女人は、婬《みだ》れず、妬《ねた》まず」とあり、『晋書』倭人伝の記事は、「淫れず、妬《ねた》まず」に作る。『梁書』倭伝には、「婦人は、婬《みだ》れ妬《ねた》むこと無し」とある。

盗窃と諍訟

「盗窃」は、物を盗むこと。『礼記』礼運《らいうん》第九に、「是の故に謀《はかりごと》は閉《と》じて興《おこ》らず、盗窃、乱賊而《しか》も作《おこ》らず。故に外戸而《しか》も閉《と》じず」とあり、『荘子』則陽篇に、「盗窃の行《おこな》いは、誰《たれ》に於いてか責めて可《か》ならんやと」とみえ、『荀子』君子に、「天下は暁然《ぎょうぜん》として、皆《みな》、夫《か》の盗窃の人を以て富《とみ》と為す可《べ》からざることを知るなり」とある。また『史記』衛将軍驃騎列伝、および『漢書』衛青伝に、「匈奴は、天理に逆《さか》らい、人倫を乱《みだ》し、暴長虐老《ぼうちょうぎゃくろう》し（年長者をしいたげ、老人にむごい行ないをする）、盗窃を以て務《つと》めと為す」とあるなど、「盗窃」の用例を多くあげることができる。

「諍訟」は、「争《あらそ》い」「訴《うった》え」の両義があるが、倭人伝に記されている「諍訟」は、「争い」のほうの意味。ただし「訴訟」のこととして解釈する説もある。『後漢書』劉玄伝に、「王莽《おうもう》（前四五〜後二三）の末、南方飢饉す。人庶《じんしょ》、群《むら》がって野沢《やたく》に入り、鳧茈《ふし》（くろくわいという草）を掘って之を食《く》らい、更々相侵奪《こもごもあいしんだつ》す。新市《しんし》（湖北省京山県の地）の人王匡《おうきょう》、王鳳《おうほう》、諍訟を平理《へいり》（公平におさめる）す。遂に推《お》されて渠帥《きょすい》と為る」とあり、同書の徐防《じょぼう》伝に、「策試《さくし》有る毎《ごと》に、輒《すなわ》ち諍訟を興《おこ》し、論議紛錯《ふんさく》（入りみだれる）す。互に是非《ぜひ》を相る」とあるように「諍訟」の語がみられる。また『魏志』田疇《でんちゅう》伝には、「疇、乃《すなわ》ち為に相殺傷《そうさつしょう》、（殺しあい、傷つけあうこと）犯盗、諍訟の法を約束《やくそく》す（取り決める）。法の重き者は死（死刑）に至《およ》び、其の次、罪に抵《あた》るもの二十余条なり」とあって、「諍訟」の用例がある。

この倭人伝のくだりに相当する『後漢書』倭伝の記事は、「又《また》、俗は盗窃せず、争訟《そうしょう》少なし」とし、「諍訟」を「争訟」に作る。『晋書』倭人伝は、単に「争訟无《な》し」と記し、『梁書』倭伝には、「盗窃無く、諍訟少なし」とある。『隋書』倭国伝は、「人は、頗《すこぶ》る恬静《てんせい》（安らかで静かなこと）にして、争訟罕《まれ》にして、盗賊少なし」と言いあらわしている。

違法者への処罰　倭人伝は、「諍訟少なし」につづいて、法を犯した者についての処罰について、つぎのように記している。

其の法を犯すや、軽き者は、其の妻子を没し、重き者は、其の門戸及び宗族を滅《ほろ》ぼす。尊卑各々《おのおの》差序有りて、相臣服《あい》するに足《た》る。

軽き者は妻子を没す

「妻子を没し」とは、罪人の妻子を奴婢とすることと解してよい。『魏志』毛玠《もうかい》伝に、「漢律に、罪人の妻子は、没して奴婢と為し、黥面すと」とあり、『唐会要』巻三十九、議刑軽重、会昌三年十二月の条に、「漢律に云く、妻子は、没して奴婢と為すと」とあるように、罪人の妻子を奴婢としたことは、漢の『律』に規定されていた。その奴婢は、国家の奴婢であったであろう。

『魏志』夫余伝には、「刑を用《もち》いるに厳急《げんきゅう》（きびしいこと）にして、人を殺せば死（死罪）、其の家人を没して奴婢と為す」とあり、高句麗伝には、「牢獄《ろうごく》無く、罪有《あ》れば諸加、評議を加えて、便ち之を殺し、妻子を没入《ぼつにゅう》して奴婢と為す」とあって、夫余、高句麗にあっても、罪人の家人、妻子を奴婢とすることは、倭人伝の記述と異ならない。夫余の場合は、夫余伝に「国に君王有り」とみえ、高句麗においても、その伝に「其の国に、王有り」とあるように、それぞれ一国として「国王」のもとに統一されていたから、罪人の妻子が没入されて奴婢として隷属させられたさきは、国家であった。倭の場合は、邪馬台国など三〇国からなるのが倭国であったが、「法を犯すや、軽き者は、其の妻子を没」せられ奴婢とされた者たちは、ただちに倭国の奴婢と考えてよいものか断定はできない。

重き者は門戸と宗族を滅ぼす

「門戸」は、「門と戸」「かどぐち」など、さまざまな意味があるが、ここでは「家」「家族」「家門」をあらわす。「門戸及び宗族」の下の「滅」の字は、南宋の紹興版本による。南宋の紹熙版本は、「没」の字に作る。「没」の字も、「ほろぼす」と訓読することができる。

「門戸」を「家」「家門」の意味にもちいている例として、『晋書』楽広《がくこう》伝に、楽広が八歳のとき、魏征西将軍の夏侯玄《かこうげん》が、楽広を見て、その父である楽方《がくほう》に語った言葉を載せ、それに、「向《さき》に（楽）広の神姿朗徹《ろうてつ》（すきとおって、すっきりしていること）なるを見て、当《まさ》に名士《めいし》と為るべしと。卿《けい》の家、貧なりと雖《いえど》も、学を専《もっぱ》らにせしむ可《べ》ければ、必ず能《よ》く卿の門戸を興《おこ》すなりと」とあるのがあげられる。

「宗族」は、「一族」「一門」「同族」のこと。「宗族」を滅ぼす例として、『後漢書』天文上、光武帝建武十二年（三六）十一月丁丑の条に、「漢の護軍将軍高午《こうご》は、述《じゅつ》（蜀の白帝公《こう》孫述《そんじゅつ》）を刺し胸を洞《つらぬ》く。其の夜に死す。明日、漢は入りて蜀の城を屠《ほふ》り、述の大将公孫《こうそん》晃《こう》、延岑《えんしん》等を誅し、殺さるもの数万人、述の妻、宗族、万余人以上を夷滅《いめつ》（たいらげ滅ぼすこと）す」とあるのをあげておこう。

倭人伝のこの記事に相当する『後漢書』倭伝のそれは、「法を犯す者は、其の妻子を没し、重き者は、其の門族を滅ぼす」とし、『晋書』倭人伝の記事は、「軽き罪を犯す者は、其の妻孥《さいど》（妻と子）を没し、重き者は、其の家を族滅《ぞくめつ》す（一族を皆殺しにする）」に作る。『梁書』倭伝には、「若《も》し法を犯せば、軽き者は、其の妻子を没し、重きは、則ち其の宗族を滅ぼす」とある。

臣服の用例

「臣服」は、服従する意味と、降服する意味とがある。倭人伝の「臣服」は、前者の意味。『漢書』武帝紀、元封元年（前一一〇）十月条に、「南越王の頭《こうべ》、已に漢の北闕《ほくけつ》に県《か》けり。単于《ぜんう》、能く戦えば、天子自ら将《もっ》て辺に待たむ。能《あた》わずば、亟《すみや》かに臣服せよ」とあり、同書、地理志下に、「夫差立つ。句践《こうせん》、勝に乗じて復た呉を伐つ。呉、大いに之を破る。会稽に棲《す》み、臣服して平《わぼく》を請《こ》う」とみえる「臣服」は、降服の意味あいが濃い。『蜀志』譙周《しょうしゅう》伝に、「古《いにしえよ》自り已来《このかた》、他国に寄《よ》せて、天子と為る者は無きなり。今、若《も》し呉に入らば、固《もと》より当《まさ》に臣服すべし」とある「臣服」は、服従の意味と解せられる。

租税と交易と検察

租賦と交易と大倭

上文にみてきたように、倭人のあいだでは、かなり社会秩序が保たれており、また法律を犯した者に対する処罰も峻厳《しゅんげん》であった。支配の機構も整っていたことは、つぎの倭人伝の記述によって知られる。

租賦《そふ》を収む。邸閣《ていかく》有り。国国《くにぐに》に市有り。有無《ゆうむ》を交易し、大倭《だいわ》を使《し》て之を監せしむ。女王国自《よ》り以北には、特に一大率《いちだいそつ》を置き、諸国を検察せしむ。諸国、之を畏憚《いたん》す。常に伊都国に治《ち》す。

租賦と邸閣

「租賦」は、租税のこと。「租賦」の古い用例として、『史記』五宗世家、膠西于《こうせいう》王端《おうたん》の条、および『漢書』景十三王伝、膠西于王端の条に、「府庫は壊漏《かいろう》（壊れて雨が漏る）し、尽く財物は腐《くさ》り、鉅万《きょまん》（莫大な数量）を以て計《かぞ》う。終《つい》に収徙《しゅうし》する（とり集めて他に移す）ことを得ず。吏《り》を令《し》て租賦を収め得《と》ること毋《なか》らしむ」とあるのがあげられる。

また『後漢書』孝桓帝紀、永寿元年（一五五）六月の条に、「詔して太山《たいざん》、琅邪《ろうや》の賊に遇える者、租賦を収むること勿《な》かれと。復《のぞ》くに更に三年を筭《かぞ》う」とあって、「租賦」の用例がみえる。

「邸閣」とは、糧食《りょうしょく》などの物資を貯蔵するため官府が設けた倉庫。主として軍事に必要な物資の貯蔵庫であった。

『魏志』をふくむ『三国志』には、倭人伝のほかに「邸閣」のことが随所に記されている。すなわち『魏志』張既《ちょうき》伝に、「酒泉《しゅせん》の蘇衡《そこう》、反し、羌《きょう》の豪《ごう》（有力者）鄰戴《りんたい》及び丁令《ていれい》、万余騎と与《とも》に辺県を攻む。（張）既、夏侯儒《かこうじゅ》と与に之を撃破し、（蘇）衡及び鄰戴等、皆降《みなくだ》る。遂《つい》に上疏《じょうそ》して（夏侯）儒と与に左城を治《おさ》め、鄣塞《しょうさい》（とりで）を築《きず》き、烽侯《ほうこう》（烽候とも書く。のろしをあげる物見櫓《ものみやぐら》）、邸閣を置き、以て胡《こ》に備う」とあり、また同書、王基《おうき》伝に、

「征南（将軍）の王昶《おうちょう》に随《したが》って呉を撃《う》つ。（王）基は別《べつ》（将）として夷陵《いりょう》に歩協を襲《おそ》い、（歩）協は門を閉《と》ざし自ら守る。基は示すに攻形《こうけい》（攻撃する体制）を以てして、実に兵を分《わ》けて雄父《ゆうふ》の邸閣を取り、米三十余万斛を収《と》る」とある。さらに同王基伝には、「軍は、宜《よろ》しく速《すみ》やかに進みて南頓《なんとん》に拠《よ》るべし。南頓には、大なる邸閣有り、計《かぞ》えるに軍人四十日の糧に足《た》る」と記されている。

なお『魏志』董卓《とうたく》伝に裴松之《はいしょうし》が注する『献帝紀』には、李傕《りかく》が語った言葉として、「我が邸閣には、儲偫《ちょち》（貯えること）少なし」とあり、そのため「乃ち悉く其の営《とりで》（軍営）に載置《さいち》（運びこむこと）」したとある。

蜀と呉の邸閣

また蜀志、後主《こうしゅ》伝の建興十一年（二三三）冬条に、「（諸葛）亮は、諸軍を使《し》て米を運ばしめ、斜《や》谷口《こくこう》に集め、斜谷の邸閣を治《ととの》えしむ」とあり、同書、鄧芝《とうし》伝には、「（鄧）芝、郫《ひ》の邸閣の督《とく》と為《な》る。先主《せんしゅ》（劉備）は、出《いで》まして郫に至り、与《とも》に語り、大いに之を奇《き》（とりわけすぐれたこと）とし、擢《ぬきん》でて郫の令《れい》と為す」とある。なお同書、魏延《ぎえん》伝に裴松之が注として掲げる『魏略』に、魏延の言として「長安の中には、惟《ただ》、御史《ぎょし》と京兆太守《けいちょうたいしゅ》有るのみ。横門の邸閣と散民《さんみん》（逃散した民衆）の穀《こく》とで周《あまね》く食するに足《た》るなり」とみえる。

『呉志』孫権《そんけん》伝（呉主伝第二）の赤烏《せきう》四年（二四一）夏四月条に、「衛将軍全琮《ぜんそう》を遣わして淮南《わいなん》を略さしめ、芍陂《しゃくは》を決《さ》き、安城の邸閣を焼き、其の人民を収《とら》う」とあり、また同伝、赤烏八年（二四五）八月条に、「校尉陳勲《こういちんくん》を遣わし、屯田《とんでん》及び作士《さくし》（屯田兵と工兵）を将《ひき》いて、句容《くよう》の中道を鑿《うが》ち、小基《しょうき》自《よ》り雲陽《うんよう》の西城に至るに、会市《かいし》を通じ、邸閣を作る」とある。さらに同書、孫策《そんさく》伝（孫破虜討逆伝第一）に裴松之が引用する『江表伝』には、「（孫）策、江《こう》（長江）を渡り、（劉《りゅう》）繇《よう》を牛渚《ぎゅうしょ》の営（軍営）に攻め、尽《ことごと》く邸閣、糧穀、戦具を得る。是の歳は、興平二年（一九五）なり」とみえる。

すでに、指摘されているように、『三国志』などに記されている「邸閣」は、いずれも、その記述からみなして、交通、軍事上の要地にあり、また政治、経済の中心地に「邸閣」がおかれており、すべて軍用倉庫であったと考えられている。

倭人伝の「邸閣」を軍用倉庫とする条件は、記述のなかに見いだせないにしても、その「邸閣」を例外的な用例とみる必要はなく、やはり一般的慣用のままに軍用倉庫と解するのが穏当であろうとされている。

前掲の『呉志』孫権伝、赤烏八年条に、「会市を通じ、邸閣を作る（交易のために人びとが集まる市をひらき、邸閣を作った）」とあって、「市」と「邸閣」とが組《くみ》になっている点で、倭人伝の「邸閣有り。国国に市有り」の文に通じており、倭人伝のこの箇所を理解するのに示唆をあたえている。

市と有無の交易

「市」と「交易」をふくむ文には、『易経』繋辞下伝に、「日中に市を為して、天下の民を致し、天下の貨を聚《あつ》め、交易して退《かえ》り、各々其の所を得る（日中に市をひらいて、天下の人びとを来させ、天下の物品を集め、人びとが交易を行なってかえり、それぞれ思いどおりになる）」とある。『漢書』食貨志にも、「日中に市を為して」云々の文がみえ、「各々其の所を得る」のところは、「各々其の所を得て貨通ず」に作ってある。これらとほぼ同意の文は、『塩鉄論』本議第一に、「大夫曰く、古《いにしえ》の国家を立つるは、本末《ほんまつ》の途《みち》を開き、有無《ゆうむ》の用を通ず。市朝《しちょう》（市場）は、一《もっぱ》ら其の求めを以て、士民を致し、万貨を聚め、農、商、工の師《ひとびと》、各々《おのおの》欲する所を得、交易して退《かえ》る」とみえる。

「有無を交易し」という文は、『史記』越王勾践世家に、「此の天下の中、有無を交易する道を通じ、生きる為に、以て富を致す可し」と記されているなかの「有無交易（有無を交易)」に典拠があるか。なお『史記』平準書には、「太史公曰く」として、「農、工、商、交易の路を通じて、而して亀貝《きばい》、金銭、刀布《とうふ》の幣《へい》（貨幣）興《おこ》る」とあるように、「交易」のことがみえる。

大倭とは

「大倭」については、「倭人の大人」「倭の諸国の大人」、あるいは「大和朝廷派遣の役人」など人物を主体とする説があり、また「邪馬台国」「大和朝廷」など国そのものとする説があって、いまもって定説となっているものがない。

「大倭」を「大和朝廷」のこととするひとつの拠りどころは、『後漢書』倭伝に、「国、皆《みな》王と称し、世世《よよ》統を伝う。其の大倭の王は、邪馬台国に居す」とある「大倭の王」の「大倭」と同じものとすることにある。しかし、倭人伝の「大倭」を「大和朝廷」、もしくは「邪馬台国」のこととすると、「大倭を使て之《し》を監せしむ」では、「大倭」をして市を監察させる権力の主体がなければならないことになる。そこでその主体を「魏」としたり、「大倭を使て」の「使」の字を「代」の字に改変して、「大倭に代って」と読解する無理をおかすのである。

倭人伝で、国ぐににあった市を監したという「大倭」とは、「大人」のなかでも、権勢の大きかった倭人の意で、それは高句麗の支配階級である「加」のなかで、高句麗に臣属していた東沃沮《とうよくそ》の租税の取りたてに責任をもたされていた有力な「加」である「大加」に同様な用法をみとめる見解がある。ただし『魏志』高句麗伝にみえる「大加」「小加」「諸《しょ》加《か》」の「加」は、同書の夫余伝にあらわれる「馬加《ばか》」「牛加《ぎゅうか》」「豬加《ちょか》」「狗加《くか》」、およびその総称と思われる「諸加」の「加」と同様、首長を意味する語に由緒をもつ称であるから、ただちに「大加」と倭人伝の「大倭」とを同様な用法としてよいものかどうか慎重でなければならない。

一大率の読み方と大率

「一大率」の三字が、国ぐにを監察する官名をあらわしているのではなく、「大率」の上の「一」の字は、「一人《ひとり》」を意味していて、「一人の大率」と理解するのがよいというのが通説となりつつある。

中国古代の官名としての「大率」は、『墨子』迎敵祠の条に、「五歩に五長《ごちょう》有り、十歩に什長《じゅうちょう》有り、百歩に百長《ひゃくちょう》有り、旁に大率《たいそつ》有り、中に大将《たいしょう》有り」とあって、偏師《へんし》を統率する将帥《しょうすい》が「大率」であった。

倭人伝の「一大率（大率）」が、『墨子』迎敵祠にみえる「大率」に由来する軍事の官名とただちにはいえないが、諸国を検察し、諸国が「一大率（大率）」を「畏憚」した、すなわち恐れはばかったというのは、「一大率（大率）」が、軍事、検察的な権力をもつ役人であったことを物語っている。

倭人伝の上文に、「伊都国」について、「世々《よよ》王有り。皆《みな》、女王国に統属す。郡使の往来、常に駐《とど》まる所なり」とあったように、「伊都国」は、他の諸国とは違って、やや特殊な性格をもつ国である。「一大率（大率）」がつねに、この国に駐在していたというのも、この国の特異性を物語っている。

刺史に類する役職

前段の「常に伊都国に治す」につづく記事には、「国中」に古代中国の「刺史」に比せられる役職のことが述べられている。この役職の記事は、前段に記されている「一大率」のことの説明と理解するのが定説である。だが、はたしてそうなのか、いちおう疑ってみる必要があろう。

国中に刺史の如き有り。王、使いを遣わして、京都《けいと》、帯方郡、諸韓国に詣《いた》り、及び郡の倭国に使いするや、皆《みな》、津《しん》に臨みて捜露《そうろ》す。文書、賜遺《しい》の物を伝送し、女王に詣《いた》すには、差錯することを得ず。

「国中」以下の読み方

ここでは、「国中に刺史の如き有り」と訓みくだしておいたが、このくだりは、これまで、さまざまの訓読がなされてきている。

すなわち、「国中に於《おい》て刺史の如き有り」、「国中に於て刺史の如くに有り」、「国中に於いて刺史の如きところ有り」、「国中に於いては、刺史の如きもの有り」などである。原文にある「於」の字を、ここでは単に「に」と読んで、「国中に刺史の如き有り」と訓みくだす説を妥当なものとして採用した。

このくだりにかかわる現代語の訳文は、どのようになっているか。たとえば、「(一大率《いちだいそつ》は)つねに伊都国(怡土)で治める。国中に刺史(政績奏報の官)のようなものがある」という訳文は、つねに伊都国に駐在していた「一大率」と「国中」にあったと記されている「刺史のようなもの」とが、関係するものでないような理解に立っての訳し方である。いな、この訳文の前には、「女王国から北には、とくに一大率(王の士卒・中軍)をおき、諸国はこれを畏れ憚かる」とあるので、「一大率」と「刺史」とは、あきらかに別の官職とみなしているのである。

右の訳文以外は、すべて「一大率(大率)」の性格を説明する記述として、「国中に刺史の如き有り」という文をとらえている。すなわち、「一大率はつねに伊都国におかれるが、これは中国の州の刺史のようだ」、「その統率者(大率)は、つねに伊都国に駐屯していて、中国の刺史のようなものである」、「大率はいつも伊都国で政務を執り、それぞれの国にとって中国の刺史のような役割をもっている」、「一大率はいつも伊都国にその役所を置き、国々の間でちょうど中国の刺史のような権威を持っている」、「(一大率は)伊都国に治所を置き常駐している。倭国に刺史がいるようなものである」、「(一大率は)つねに伊都国において治めている。国中において、刺史のごときものである」、「『大率』の平常の治所は伊都国であり、諸国王はかれの検察をおそれはばかっておる。倭国における州刺史といったところである」、「諸国はその国中においてこの『一大率』を畏憚すること、あたかも中国の刺史にたいするがごとくであった」という訳文がそれである。

これらの訳文のうち、意訳されているところもふくめて、それぞれ苦心の跡がうかがわれる。

「国中」は、どの国を指しているのか

これらの訳文をみて気づくことは、「国中」を、そのまま訳文に取り入れているもの、「国中」の字句を無視して、このくだりを訳しているもの、そして「国中」を直視して、「それぞれの国」「国々」と訳し、あるいは具体的に「倭国」ととらえているものなど、翻訳にあたって、かなりの困惑があったということである。

これらのほか、「国中」を、「この地域」とするように漠然とした解釈をするもの、あるいは具体的に「伊都国」とするものがある。このように、さまざまな解釈がなされるのも、「国中」をふくむこの文章が、とりわけ訓みくだしの難しいところといわれる所以《ゆえん》である。

はたして「国中」の「国」とは、「伊都国」なのか、「倭国」なのか。「国中」には、二つの意味がある。一つは「王城の内」という意味。他は「国内」という意味である。後者の用例として、よくあげられるのは、『史記』呉王濞《ごおうひ》伝に、「七国の発するや、呉王は、其の士卒を悉《つく》し、国中に令を下して曰く、寡人《かじん》は年六十二にして、身自《みずか》ら将たり、少子は年十四にして、亦《また》士卒の先《さきがけ》と為る」とある文章である。

倭人伝の「国中」も、もちろん「国内」を意味する語である。倭人伝には、このくだりのほか、倭の女王にあたえた魏の明帝の詔書に、「悉《ことごと》く以て汝の国中の人に示し」とあるところ、また卑弥呼の死後のこととして、「更に男王を立つるも、国中服せず」の箇所、さらに卑弥呼の宗女壱与（台与）を立てて王としたところ「国中、遂に定まる」とあるくだりの三条である。

これら三条の「国中」の文の訳を見てみると、「汝の国中の人」については、「汝の国のうちの者たち」、「汝の国の人」、「汝の国の人々」、「汝の国内の者たち」、「あなたの国中の人」、「お前の国の人々」などとなっていて、「国中」を単に「国」と訳しているものが多い。

つぎに「国中服せず」のところの訳文は、「国中が服さない」、「国じゅうの者が心服せず」、「国中が服従せず」、「国内が服従せず」、「国中それに従わず」、「各国は承服せず」、「国中は不服であった」などとしている。さらに「国中、遂に定まる」の訳は、「国の中もやっと安定した」、「国中がついに平定した」、「国がようやく治まった」、「国内が安定した」、「国中がようやく安定した」、「国中はついに定まった」などとなっている。このように、「国中服せず」、「国中、遂に定まる」の場合には、原文のまま「国中」を訳文にもちいているものが多い。例外として「各国」としたものが一例ある。

いずれにしても、「国中」の「国」をどこの国として思い描いているのか、はっきりしていない。

「国中」の「国」はどこの国か

ただ倭人伝の「国中に刺史の如き有り」を、「国中に於て刺史の如く以て汝の国中の人に示し」という記事にある「国中」については、倭人伝の「悉に有り」と訓みくだしたうえで、この「国」を伊都国のこととする論者は、景初三年（二三九）十二月の「制詔」のなかでもちいられている用語であり、倭王（倭国王）、倭国などの公的概念が、ここに成立しているのであるから、広義の「倭国」の「国内」であるとみなしている。

さらに「男王を立つるも、国中服せず」、および「国中、遂に定まる」とある二条の

「国中」とは、「邪馬台国の中」とみるべきかもしれないという。
はたして、この説が妥当なものかどうかは、順を追ってみることによって、あきらかにしてゆきたい。

刺史の性格

倭人伝の撰者陳寿は、みずから『魏志』巻十五（揚州刺史の劉馥《りゅうふく》らの伝）の巻末「評語」において、「刺史」に関して「漢の季《すえ》自《よ》り以来、刺史は諸郡を総統《そうとう》し、政を外《そと》に賦《し》く。曩時《のうじ》の若《ごと》く之を司察《しさつ》する而已《のみ》に非《あら》ず」と述べている。つまり後漢の末期から刺史は、州のなかの諸郡を全体的に取り締まり、都の外にあって行政を広く行ない、先の時代のように、ただ監察するだけではなくなったと、陳寿は地方行政における「刺史」の権限が、往時とは違って強力なものとなっていると指摘しているのである。

事実、『後漢書』百官志、州郡条に、十二の州ごとに置いた「刺史」について、「孝武帝、初めて刺史十三人を置く。秩は六百石なり。成帝、更《あらた》めて牧《ぼく》と為す。秩は二千石なり。建武十八年（四二）、復《また》、刺史と為す。十二人、各々《おのおの》一州を主《つかさど》る。其の一州に司隷校尉《しれいこうい》を属《つ》く。諸州（の刺史）、常に八月を以て所部の郡国を巡行し、囚徒を録し、殿最《でんさい》を考《かんが》う（軍功や功労、成績を調べる）。初歳（年のはじめ）に、尽く京都《けいと》に詣《いた》りて奏事す」とあるように、盗賊を捕え、非常を警戒する官である司隷校尉を配下にし、軍事権をも握っていたのである。

こうした「刺史」の地方行政における諸権限の増大は、魏、晋の時代にまで引き継がれ、陳寿が述べているような「刺史」への認識は、当然、倭人伝の「国中に刺史の如き有り」とある「刺史」にも該当しているとみるべきである。

「国中に刺史」の「国」は伊都国ではない

「国中」の「国」を「伊都国」とみなす論者は、「国中」以下の文を、「国中に於て刺史の如くに有り」のように、「刺史の如くに」と独自な訓みくだし方をしているので、その「国」を「伊都国」とするのは理にかなっているかにみえる。

この論者よりも早く「国中に刺史」の「国」を「伊都国」と説いた論者がいたが、その論者は、上記の論者とは違って、「一大率」と「刺史の如き」地方官とは異なる官職とした。すなわち「大率と刺史と、魏志の此の文面のみにては、其の区別明《あきらか》ならねど」と述べながらも、おそらく「大率」は、大和朝廷が派遣した官であって、後の「大宰帥」のようなものであり、「刺史」は、同じく大和朝廷が任命した地方官であって、大化前の「国司」のごときものであるとした。

「大率」が、後の「大宰帥」のようなものであり、「刺史」が、大化前の「国司」のごときものとする説は、論外としても、「一大率（大率）」のくだりと、「刺史の如く」との文面が、連続しているものとみないで、両方の記事を切りはなして具体的に論じたのは、おそらくこの論者だけであろう。

ここでも、前段の「特に一大率を置き、諸国を検察せしむ」と、この段の「国中に刺史の如き有り」とは、別のことを説明していると解したい。また「国中」の「国」は、「大和朝廷」とするよりも、「倭国」とみなすのが妥当であろう。

「一大率」と「刺史」

実は、「一大率（大率）」と「刺史の如き有り」との関係が、この句を読み解く者を悩ますものであることは、「中国における刺史の職務内容よりして、『一大率』の説明とするのがよいか、あるいは一大率の下にある官と解するのがよいか、この限りでは断定しにくいが、『国中』という文意よりすれば、一大率の下にある官の一種と解せないこともない」という指摘からも察せられるであろう。

「一大率」と「刺史の如き有」るものとは別の官職であるとする考えは、上記した以外にも少数あることに注目する必要がある。それは「一大率」のことと「刺史」のことにふれている句が、関連していないものとも読みとれることにもとづいている。

たとえば、「一大率」を諸国の施政を監督する役人として、「刺史の如き」役人を外交監督官とする説、あるいは「一大率」を帯方郡から派遣されてきた軍事顧問であり、外交、内政の監督官であるとみなし、そして「刺史」は、「一大率」の下に属する警察官であるとする説である。これらの説は、「一大率」のことを述べる句と、「刺史」のことにふれている句とは、後者が前者を説明しているのではなく、別のものとしたうえでの解釈である。だが「刺史の如き有」るものを、「一大率」の下にある警察官とみなす論者が、「国中」とは、「陳寿の自国のこと」であって、「おれの国のように」という意味のこととするのは、原文の「国中に刺史の如き有り」からはでてこない無理な説明ではあるまいか。

「刺史の如き」ものの任務

倭人伝の「王、使いを遣わして、京都、帯方郡、諸韓国に詣り」以下の文は、「一大率」の役割を述べたものではなく、「刺史の如き」ものの任務の一端を記しているとみなすべきである。

「王、使いを遣わして」云々の文は、右に訓みくだしたほか、「王、使を遣わして京都、帯方郡、諸韓国に詣らしむ。郡使の倭国に及ぶや、皆津に臨みて捜露す」と読むべきであるとする説がある。「及」の字は、「及び」「及ぶ」「ならびに」などの字義のほか、たしかに「至る」の意味がある。

「郡使の倭国に及ぶや」と読む論者は、このところに、「倭国に来ている郡使は……」という訳をつけている。だが、この訳文は、「郡使の倭国に及ぶや」と読む文に対して適訳とは思えない。「及」の字を「至る」の意味にとることに理解を示したある論者は、「(倭)王の使が京都(魏の都、洛陽)、帯方郡、諸韓国におもむき帰還したとき、(帯方)郡の使が倭国に(いたり)およんだときは、みな津(船つき場)に臨んで」と訳している。この訳文に、「帰還したとき」という原文にはない句を加えいれているのは、倭人伝の「津に臨みて」以下の文章を整合的に読む必要からであった。

いま「及」を「至る」の字義でもちいている文、たとえば『論語』衛霊公《えいれいこう》第十五に、「師《し》(ここでは楽師《がくし》のこと)冕《べん》見《まみ》ゆ。階《かい》(階段)に及《いた》れり。子の曰《のたま》わく、階なり。席に及《いた》れり。子の曰わく、席なり」とあり、また『儀礼』燕礼に、「賓《ひん》、入りて庭《てい》に及《いた》る。公、一等を降《くだ》りて(階段を一段おりて)、之《これ》に揖《えしゃく》す。公、升《のぼ》りて席に就く」とあるように、「及」を「至る」の意味にもちいる場合は、「庭」とか「階段」とか「席」とかに至るときにかぎられ、「国」や「土地」に至ることを表現するときには「及」の字をもちいることはないようである。倭人伝のこの「及」は、やはり「ならびに」「また」の意味にとらえるべきであろう。

「皆、津に臨みて」以下の読み方

「皆、津に臨みて」以下の文章の読み方には、幾《いく》とおりにも訓みくだすことができるとの指摘がなされている。

すなわち、「皆、津に臨みて、伝送の文書、賜遺の物を捜露し」、「皆、津に臨みて捜露し、伝送の文書、賜遺の物は、女王に詣り……」、「皆、津に臨みて捜露し、文書を伝送し、賜遺の物は、女王に詣りて、差錯す（あ）るを得ず」とも読めるとされている。

こうした訓みくだし文の現代語訳についてみると、「皆、津に臨みて、伝送の文書、賜遺の物を捜露し」という読み方にもとづいた訳文には、「みな津（船つき場）に臨んで伝送の文書とくだされ物とを照合点検し、女王（のもと）にいたらせるときに、差錯（不足やくいちがい）がないようにする」とあり、また「いつも港で荷物を広げて数目を調べ、送られる文書や賜わり物が、女王のもとに着いたとき、まちがいないようにと点検をする」とあるのがあげられる。

このように「伝送」の語句を、「文書」と「賜遺の物」に冠して読み、訳する例は比較的少ないが、この段落が、いかに解釈するのに難しいかは、つぎの諸賢による訳文を通覧すればあきらかである。

まず「伝送」の語句を訳文に取りいれていないものには、「何れも伊都国の港頭で文書や賜物の点検を行った。女王のもとに届けられたものが、これと違わないようにしたのである」というのがあり、また「みな、港で荷物をあらため、文書、賜り物などにあやまりがないか確かめて女王に差し出す。不足やくい違いは許されない」という訳がある。

つぎに「捜露」と「伝送」とを接続させて、原文を「皆、津に臨みて、文書、賜遣の物を捜露、伝送して（もしくは「捜露し、伝送して」）」というように読むと判断したうえでの訳文には、「いつも津（水上交通上の関所）で、文書や賜与された物品を点検して、伝送して女王のもとへ到着するときに、間違いがないようにするのである」ということきものがある。

あるいは、「みな津に臨んで捜露（さがしあらわす）し、文書、賜遣の物を伝送して女王にとどけ、差錯（いりみだれまじわる）することはできない」と解釈するのが正統的な読み方ともとれるが、しかし、かつて「詣女王不得差錯ハ、郡使倭国ノミニ係リテ、王遣使云々ニハ係ラズ。コノ処、文勢稍穏カナラズ。恐ラクハ誤脱アラン」という疑問がだされた点について、問題は依然として残されている。

この疑問は、私案として右に掲げた「皆、津に臨みて捜露す。文書、賜遣の物を伝送し、女王に詣《いた》すには、差錯することを得ず」という訓みくだし文によって解決されるであろう。

倭人伝の「文書、賜遺の物を伝送し」という文の「伝送」を、「外交文書や贈り物、貢ぎ物のうち女王あてのものは（一大率が）転送し」と訳しているように、「転送」としてしまうのは誤訳である。「伝送」は、「次から次へと送る」「次々に送る」ことを意味しており、他から送られてきたものを、さらによそに送る言葉の「転送」とは別の語である。「伝送」は、むしろ「逓送《ていそう》」と同義語である。

「伝送」と「詣」

倭人伝を載せている『魏志』には、その高句麗伝に、「(厳《げん》)尤《ゆう》、誘いて句麗侯《くりこう》の騶《とう》に期《あ》わんとし、至ると之を斬り、其の首を伝送して長安に詣《いた》す。(王《おう》)莽《もう》、大いに悦《よろこ》び、天下に布告して、更《あらた》めて高句麗を名づけて下句麗と為す」とあるように、「伝送」の語句の用例がみえる。また公孫瓚《こうそんさん》伝の裴松之《はいしょうし》が注に引く『呉書』に、「諸外国の羌《きょう》、胡《こ》、貢献する所有《ところあ》るも、道路通ぜずんば、皆《みな》、伝送して、之を京師《けいし》に致す」とあって、ここにも「伝送」の用例をみることができる。

古くは『史記』大宛《だいえん》伝に、「烏孫《うそん》自《よ》り以西、安息《あんそく》に至るまで、匈奴《きょうど》に近きを以て、匈奴、月氏《げっし》を困《くる》しむ。匈奴の使い、単于《ぜんう》の一信《いっしん》（ひとつの割《わ》り符《ふ》）を持すれば、則ち国国は食を伝送し、敢《あえ》て留苦《りゅうく》せしめず」とあるように、文中「伝送」の用例がある。この文とほぼ同じものが『漢書』西域伝上、大宛国の条に、「烏孫自り以西、安息に至るまで、匈奴に近し。匈奴、嘗《かつ》て月氏を困《くる》しむ。故に匈奴の使い、単于《ぜんう》の一信を持して到れば、国国は食を伝送し、敢て留苦せしめず」とみえる。なお『後漢書』霊帝紀、中平元年（光和七年十二月己巳改元）十月条に、「皇甫嵩《こうほすう》、黄巾の賊と広宗《こうそう》に戦い、張角の弟梁《りょう》を獲《とりこ》にす。（張）角は、先《さき》に死す。乃ち其の屍《しかばね》を戮《さら》す」とある箇所に、唐の李賢らは、「棺を発《あば》き、頭を断《た》ち、馬市に伝送す」と注記しているように、「伝送」の語句を使用している。

倭人伝の「女王に詣《いた》すには」の「詣」の字は、人間がある所に「往く」ことを示す語であって、物品が届けられることを「詣」とはいわないと論じた研究者は、その後、「詣」字のこうした解釈を改め、物品がある場所か、人かに届けられるのに「詣」、すなわち「いたす」の語がもちいられることを、楼蘭出土の木簡の用例によって実証した。

その木簡は、晋の泰始六年（二七〇）三月十五日の年紀を記すもので、「長史の白書《はくしょ》（木を削って白くした所に記した文書）一封を出《いだ》し、敦煌府に詣《いた》す。蒲書《ぼしょ》（＝簿書、役所の公文書）十六封、具《つぶさ》には、十二封は、敦煌府に詣し、二は、酒泉府に詣し、二は、王懐闞頎《かんき》に詣す」云々とある。また漢代（実は、王莽の時代）の敦煌木簡には、「西蒲書《せいぼしょ》（張掖太守府から居延都尉府への公文書）一封入る。其の一封は、文徳《ぶんとく》（＝敦煌、王莽の時代に改名）大尹の章、大使五威将の莫《ばく》（＝幕）府《ふ》に詣し、一封は、文徳長史の印、大使五威将の莫府に詣す」とある。これらの用例を証拠として、問題の倭人伝の文章は、「文書、賜遺の物を伝送し、女王に詣《いた》し、差錯するを得ざらしむ」と読まなければならないことを、この論者は提唱している。この段落を、ここでは「文書、賜遺の物を伝送し、女王に詣すには、差錯することを得ず」と読むことは、さきにしめしたとおりである。

漢簡にみる「詣」の用例

漢簡には、こうした「詣」の用例が「郵書」木簡に多くみることができる。

まず「居延漢簡」にみえる「詣」の用例をあげれば、つぎのようである。

「其の二封は、張掖太守府に詣《いた》し、一封は、弘農太守府に詣す」（三三―一一簡）、「其の一封は、居延都尉の章《しょう》、酒泉北部都尉府に詣す」（四四―一六簡）、「南書《なんしょ》（居延都尉府から張掖太守府へ送られる文書）二封は、皆《みな》、都尉の章、張掖太守府に詣す」（四九―二二、一八五―三簡）、「南書一封は、居延都尉の章、十〻張掖太守府に詣す」（四九―三三簡）、「南書三封十十〻其の一は、居延都尉の章、張掖に詣し、一封は、居延丞の印、広地候官に詣し、一封は、居延塞尉の印、屋蘭に詣す」（一二七―二五簡）、「南書二封入る。皆、居延都尉の章、九月十日癸亥、其の一は、敦煌に詣し、一は、張掖府に詣す」（一三〇―八簡）、「北書《ほくしょ》（張掖太守府から居延都尉府へ送られる文書）三封、合檄《ごうげき》（封をした秘密の木簡文書)、板檄《ばんげき》(封をしていない木簡文書)各々《おのおの》一、其の三封と板檄とは、張掖太守の章、府(居延都尉府)に詣し、合檄は、牛駿《ぎゅうしゅん》の印、張掖太守府牛掾《ぎゅうじょう》の在所に詣す」(一五七—一四簡)、「南書一封は、居延都尉の章、張掖太守府に詣す」(一六三—一九簡)、「南書二封、居延都尉、皆《みな》、張掖太守府に詣す」(一八七—二三A簡)、「南書五封と二合檄は、張掖城司馬の毋起日《ぶきじつ》、設屏(=張掖、王莽の時代に張掖を設屏と改名)右大尉府に詣し、一封は、右城官に詣し、一封は京尉候《けいいこう》の利《り》に詣し、一封は、穀成東阿に詣す。右の三封は、居延丞の印」(二八八—三〇簡)、「北書五封、夫人、其の一封は、肩水倉長の印、都尉府に詣し、一封は、昭武長の印、居延に詣し、……一封は、觻得《ろくとく》丞の印、居延に詣し、一封は、氏池《ていち》長の印、居延に詣し、……一封は、居延左尉の印、居延に詣す」(三一七—一簡)、「南書一封は、居延都尉の章、張掖太守府に詣す」(三一七—二七簡)、「……一封は、広地《こうち》に詣し、一封は、橐他《たくだ》に詣る。……」(五〇三—一簡)、「南書三封、一封は、肩水候《けんすいこう》に詣し、一封は、張掖肩候に詣し、一封は、肩水府に詣す」(五〇三—三簡)、「北書七封、其の二封は、皆、張掖太守の章、詔書一封と書一封、皆、十一月丙午に起《た》つ(発信する)。詔書一封は、十一月甲辰に起つ。一封は、十二月戊戌に起つ。皆、居延都尉府に詣す。……二封は、河東太守の章、皆、居延都尉府に詣し、……一封は、府君の章、肩水に詣す……」(五〇五—

二三簡)、「南書二封、二封は、章、破せり。觻得《ろくとく》に詣る。……」(五〇五—二三B簡)、「南書五封入る。三封は都尉の印、並びに兪中《ゆちゅう》に詣り、……」(五五二—三、五五二—四簡)、「南書二封入る。居延都府。九年十二月廿七日、廿八日起ち、府に詣る。封は完《まった》し。永元十年(九八)正月五日」(未編号簡)。これが「居延漢簡」にみえる文書伝送における「詣」字の用例のすべてである。これに類する記載の木簡は、「居延新簡」の四二—二九簡、五一—一四簡、五一—一九七簡、五一—三四三簡、五一—三七九簡、五九—三九一簡などにみられ、また「敦煌漢簡」の二八九簡、二九〇—A簡、二〇六七簡、二二四四簡、二二二八簡、二三八〇簡、二三九六—A簡などがあげられる。

これら「敦煌漢簡」のうち二九〇—A簡は、他の文書伝送の木簡とは違い、「范沉持《はんきょうじ》の米一石は、臨要燧《りんようすい》に詣し、……」とあるように、米一石を臨要燧に逓送する内容を記すものであって、文書のほか米などの物品の送り先に届ける場合にも、「詣」の字がもちいられていたことが知られる。

「賜遺」の用例

『魏志』武宣卞皇后伝《ぶせんべん》に、「(卞《べん》)后が曰く、王(曹操)自ら丕《ひ》(後の文帝)の年大なるを以て、故に用《もっ》て嗣と為《な》す。我《われ》は但《ただ》、当《まさ》に教導の過《あやま》ち無きを免《まぬか》るべきを以て幸と為すのみ。亦《また》、何為《なんすれ》ぞ当に賜遺を重ねるべきや」とあって、

「賜遺」の語の用例がみえる。これは、後に文帝となる曹丕《そうひ》が太子となったさいに、その養育にあたった卞后に側近の長御《ちょうぎょ》（女官長）が、太子を拝命された曹丕に対して賞賜してはと進言したときの卞后の返答であった。

「賜遺」は、身分の高い人から物をあたえられる意味の語であって、「賜与」と同語である。倭人伝の「賜遺」の語と同様な用例として、『魏書』西域伝、車師《しゃし》国の条に、「真君十一年、車師王の車夷落《しゃいらく》、琢進《たくしん》、薛直《せっちょく》を遣使し、上書して曰く、臣が亡父は、僻処《へきしょ》、塞外《さいがい》にあるも、天子の威徳《いとく》を仰慕《ぎょうぼ》し、使いを遣わして表献し、歳を空《むな》しうせず。天子、念《おも》いを降《くだ》して、賜遺すること甚だ厚し。臣が継立するに及び、亦《また》、常貢を闕《か》かさず。天子、矜《あわ》れみを垂《た》れること、亦《また》、前世と異ならず」とあるのがあげられる。

「差錯」の意味と用例

「差錯」には、いくつかのものが入り混じることや、物事が複雑に混じりあっていることとの意味と、誤ったことや、間違いの意味がある。

倭人伝の「差錯」は、もちろん後者の意味。前者の用例には、『漢書』司《し》馬相如《ばしょうじょ》伝下の「唐堯《とうぎょう》を崇山《すうざん》に歴《けみ》し、虞舜《ぐしゅん》を九疑に過《よぎ》る。紛《みだ》れ湛湛《たんたん》として、其れ差錯し、雑還膠輵《ざつかんこうかつ》（混みあって入り乱れること）して、以て方《なら》び馳《は》す」というのがあげられる。

後者の意味の用例として、『魏志』王烈伝に裴松之が注に引用している『先賢行状』に、

「老父、復《また》行きて、剣を路に失《うしな》う。人有《ひとあ》り、行きて之に遇《あ》う。置《お》きて去らんと欲《ほっ》するも、後人が之を得て、剣の主、是《ここ》に永く失うことを懼《おそ》る。取りて購募《こうぼ》（賞金をかけて持ち主を募ること）せんとするも、或いは差錯するを恐れ、遂に之を守る」とあり、また『抱朴《ほうぼく》子《し》』清鑒《せいかん》巻第二十一に、「蒲亭《ほてい》（河南省考城県）に至り、則ち仇季知《きゅうきち》を師とし、学舎に止《と》まり、則ち魏徳公《ぎとくこう》を収《おさ》め、耕を観《み》ては、則ち茅季偉《ぼうきい》を抜《ぬ》き、孟敏《もうびん》を担負に奇《き》とし、允艾《いんがい》（黄《こう》允《いん》のこと、字は子艾）の必ず敗れんことを戒《いまし》め、終《つい》に其の言の如く、一《ひと》つとして差錯すること無し」とあるのをあげることができる。

下戸と大人との関係

上文に、「其の俗、国の大人は皆、四、五婦、下戸も或いは二、三婦」とあったが、この記事につづいて記されていても不思議ではない記事が、ここに唐突としてあらわれる。

下戸、大人と道路に相逢《あいあ》えば、逡巡《しゅんじゅん》して草に入り、辞を伝えて事を説くには、或いは蹲《うずくま》り、或いは跪《ひざまず》き、両手は地に拠《よ》り、之《これ》が恭敬《きょうけい》を為《な》す。対応の声を噫《あい》と曰う。比《くら》ぶるに然諾《ぜんだく》の如《ごと》し。

「逡巡」は、後《あと》ずさりすること、あるいは、ためらい、しりごみすることなどの意味があるが、ここでの「逡巡」は、後ずさりするほうの意味。

「逡巡」の用例

『列子』黄帝第二に、「是《ここ》に於て瞀人《ぼうじん》、遂に高山に登り、危石《きせき》（そそり立つ岩石）を履《ふ》みて、百仞《ひやくじん》の淵に臨む。背《うしろ》むきに逡巡し、足は二分《にぶん》垂れて外に在り」とあり、また『荘子』田子方《でんしほう》篇にも、「瞀人」を「无人《むじん》」に作り、右と同文を載せ、後ずさりする意味の「逡巡」の用例がみえる。

そのほか『春秋公羊《くよう》伝』宣公六年の条に、「趙盾《ちようじゆん》、逡巡し北面して、再拝稽首し、趨《はし》りて出《い》づ」とあり、また『荀子』堯問篇に、「武侯、逡巡し再拝して曰く、天は夫子《ふうし》をして寡人《かじん》の過《あやま》ちを振《すく》わしめたりと」とある「逡巡」も、「ためらって」と訳するよりも、「後ずさりして」と解したほうがよいであろう。

『史記』秦始皇本紀に、「常に十倍の地、百万の衆を以て、関《かん》（函谷関《かんこくかん》）を叩《たた》きて秦《しん》を攻む。秦人《しんびと》、関を開きて敵を延《ひ》く。九国《きゆうこく》の師、逡巡、遁逃《とんとう》して敢て進まず」とある文にみえる「逡巡」は、「ためらう」「しりごみする」を意味している。

「蹲り」「跪き」について

「蹲」は、「うずくまる」こと。『荘子』外物篇に、「任（山東省）の公子、大鉤《たいこう》、巨緇《きょし》を為《つく》り、五十犗《かい》以て餌《じ》と為し、会稽に蹲り、竿《さお》を東海に投じ、旦旦《たんたん》（毎朝）にして釣る」とあるのは、「蹲」の古い用例である。

「跪」は、「ひざまずく」こと。『礼記』曲礼上《きょくらい》に、「竝《なら》び坐《ざ》すれば、肱《ひじ》を横にせず。立てるに授くるには、跪《ひざまず》かず。坐せるに授くるには、立たず」とあるのは、「跪」の古い用例である。

『後漢書』倭伝は、倭人伝の「或いは蹲り、或いは跪き」のくだりに相当する部分を「蹲踞《そんきょ》を以て、恭敬と為す」に作る。「蹲踞」は、「うずくまる」の意味である。

『後漢書』倭伝に表現されている「蹲踞」は、古代中国にあっては、「蛮夷」「夷狄」の礼節のない挙動としてみなすことが多い。たとえば、「蛮夷」の起源として、『捜神記』巻十四に、「衣服は褊褳《へんれん》、言語は侏儷《しゅり》、飲食には蹲踞し、山を好み、都を悪《きら》う」とあるのは、「蛮夷」の習俗として、衣服の醜《みにく》さ、言語の卑《いや》しさ、飲食を摂《と》るときに膝《ひざ》を立てて蹲る行儀の悪さ、そして山での生活を好み、都会での暮らしを嫌《きら》うということを書きならべて、その「蛮夷」の「野蛮」な姿を強調しているのである。

ちなみに『後漢書』南蛮伝の序には、これを「衣裳は班蘭《はんらん》、語言は侏離《しゅり》にして、山壑《さんがく》

（山と谷）に入るを好み、平曠《へいこう》（たいらで広い土地）を楽《この》まず」と表現している。ここには「飲食には蹲踞し」に相当する語句はないが、「衣裳は班蘭」は、『捜神記』の「衣服は褊褳」にあたっている。「班蘭」の語を、一般的には、「あや模様があって、煌《きら》びやかなこと」と解されているが、この語には、他方、「入りまじった模様があって、美しくない」という、まったく反対の意味もあるので、ここでの「班蘭」は、「蛮夷」の衣裳として後者の意味に解したほうがよいであろう。

『魏書』高車《こうしゃ》伝に、「其の俗、蹲踞し、褻黷《せっとく》（不潔であること）なるも、避忌《ひき》する所《ところ》無し」とあり、また『後漢書』魯恭《ろきょう》伝に、「夫《そ》れ戎狄《じゅうてき》は、四方の異気《いき》なり。蹲夷《そんい》（かがむこと）、踞肆《きょし》（うずくまること）するは、鳥獣と別無し。若し中国に雑居すれば、則ち天気を錯乱《かくらん》し、善人を汙辱《おじょく》せん」とあるのは、「夷狄」「戎狄」に対する古代中国人の差別、蔑視観のなかに、かならず「蹲踞（蹲夷踞肆）」の習俗があげられていたことをしめしている。

「恭敬」について

「恭敬」は、目上《めうえ》の人に対してつつしみ崇《あが》めること。『礼記』曲礼上に、「是《ここ》を以て君子は、恭敬、撙節《そんせつ》（抑制すること）、退譲《たいじょう》（へりくだること）、以て礼を明《あきら》かにす」とあり、『孝経』諫争章第十五に、「曾子曰く、若《そ》れ、慈愛、恭敬、安親、揚名は、則ち命を聞《う》けたり」とみえ、また『孟子』告子章句上に、「孟子曰く、……恭敬の心は、人《ひと》、皆之《みなこれ》有り。……恭敬の心は、礼なり」などとあるのが、「恭敬」の語句の用例である。

「噫」という対応の声

「噫」は、応答の声。音は、「アイ」「イ」。同様な応答の声に「欸（「アイ」「イ」）」、「𧪾（「イ」「エイ」）」がある。「欸」と「𧪾」の応答の声について、漢の揚雄《ようゆう》（前五八〜後一八）は、その著『方言《ほうげん》』において、「𧪾《い》は、然《ぜん》なり。南楚《なんそ》は、凡《およ》そ然《ぜん》を言うには、欸《あい》と曰《い》い、或いは𧪾《えい》と曰う」と述べている。『漢書』地理志下に、「本《もと》より呉《ご》、粤《えつ》は、楚と接比し、数々相并兼《しばしばあいへいけん》す。故に民俗、略《ほぼ》同じ」と記されていることによって、呉と粤（越）が楚と民俗を同じくしていることが知られる。倭と呉、粤との習俗に共通点をみとめる倭人伝の記述者が、倭と南楚との応答の声に共通するところがあるのに注目して、倭人伝に、「対応の声を噫と曰う。比ぶるに然諾の如し」と記述するにいたったのではないかとする説がある。

「然諾」の用例

「然諾《ぜんだく》」とは、そのとおりであると応える意、承諾するという意味である。古い用例としてあげられているものには、『文選』所載の宋玉《そうぎょく》（前三世紀前半ごろの人かという）の「神女賦《しんじょふ》」の「然諾を含んで其《そ》れ分《あた》らず、喟《き》として音を揚《あ》げて哀歎《あいたん》す」や、『史記』游侠列伝序の「而して布衣の徒、取予《しゅよ》（物事を授受すること）、然諾を設け、千里に義を誦《と》き、死の為《ため》に世を顧《かえり》みざるは、此《こ》れ亦《また》、長ずる所有《ところあ》りて、苟《かりそ》めにして已《や》むに非《あら》ざるなり」という記事がある。

さらに『史記』、および『漢書』陳余伝に、「中大夫泄公《ちゅうたいふせつこう》曰く、臣素《しんもと》より之《これ》（趙国の宰相貫高《かんこう》）を知れり。此れ固《もと》より趙国が名義を立て、侵《おか》されず然諾を為す者なりと」とみえ、また『史記』、および『漢書』灌夫《かんぷ》伝に、「（灌）夫《ぷ》は、文学を喜《この》まず（『漢書』は、「好まず」に作る）、任俠《にんきょう》を好み（『漢書』は、「喜《この》み」に作る）、已《かなら》ず然諾す」とあるように、「然諾」の用例をみることができる。

著者紹介

一九二五年、東京市に生まれる
北海道大学文学部教授・成城大学文芸学部教授を歴任

主要著書

研究史 邪馬台国　智証大師伝の研究　円珍　円仁　新撰姓氏録の研究　最後の遣唐使　悲運の遣唐僧

歴史文化ライブラリー
104

魏志倭人伝を読む 上
邪馬台国への道

二〇〇〇年(平成十二)十月一日　第一刷発行

著者　佐《さ》伯《えき》有《あり》清《きよ》

発行者　林　英男

発行所　株式会社 吉川弘文館
東京都文京区本郷七丁目二番八号
郵便番号一一三―〇〇三三
電話〇三―三八一三―九一五一〈代表〉
振替口座〇〇一〇〇―五―二四四

印刷=平文社　製本=ナショナル製本
装幀=山崎　登

歴史文化ライブラリー

1996.10

刊行のことば

現今の日本および国際社会は、さまざまな面で大変動の時代を迎えておりますが、近づきつつある二十一世紀は人類史の到達点として、物質的な繁栄のみならず文化や自然・社会環境を謳歌できる平和な社会でなければなりません。しかしながら高度成長・技術革新にともなう急激な変貌は「自己本位な刹那主義」の風潮を生みだし、先人が築いてきた歴史や文化に学ぶ余裕もなく、いまだ明るい人類の将来が展望できていないようにも見えます。このような状況を踏まえ、よりよい二十一世紀社会を築くために、人類誕生から現在に至る「人類の遺産・教訓」としてのあらゆる分野の歴史と文化を「歴史文化ライブラリー」として刊行することといたしました。

小社は、安政四年（一八五七）の創業以来、一貫して歴史学を中心とした専門出版社として書籍を刊行しつづけてまいりました。その経験を生かし、学問成果にもとづいた本叢書を刊行し社会的要請に応えて行きたいと考えております。

現代は、マスメディアが発達した高度情報化社会といわれますが、私どもはあくまでも活字を主体とした出版こそ、ものの本質を考える基礎と信じ、本叢書をとおして社会に訴えてまいりたいと思います。これから生まれでる一冊一冊が、それぞれの読者を知的冒険の旅へと誘い、希望に満ちた人類の未来を構築する糧となれば幸いです。

吉川弘文館

〈オンデマンド版〉
魏志倭人伝を読む 上
邪馬台国への道

歴史文化ライブラリー
104

2017年（平成29）10月1日　発行

著　者　佐《さ》伯《えき》有《あり》清《きよ》
発行者　吉　川　道　郎
発行所　株式会社　吉川弘文館
〒113-0033　東京都文京区本郷7丁目2番8号
TEL　03-3813-9151〈代表〉
URL　http://www.yoshikawa-k.co.jp/

印刷・製本　大日本印刷株式会社
装　幀　清水良洋・宮崎萌美

佐伯有清（1925 ～ 2005）

ISBN978-4-642-75504-7